Finanças e mercados de capitais

Mercados fractais: a nova fronteira das finanças

Dados Internacionais de Catalogação na Publicação (CIP)
(Câmara Brasileira do Livro, SP, Brasil)

Finanças e mercados de capitais: mercados fractais:
a nova fronteira das finanças/Carlos José Guimarães
Cova (org.). -- São Paulo: Cengage Learning, 2011.

Vários autores.
Bibliografia.
ISBN 978-85-221-1128-2

1. Administração de empresas 2. Administração
financeira 3. Finanças 4. Finanças corporativas
5. Fractais 6. Investimentos (Modelos matemáticos)
7. Mercado de capitais 8. Mercado financeiro
I. Cova, Carlos José Guimarães.

11-00847 CDD-658.15

Índices para catálogo sistemático:

1. Finanças corporativas e mercado de capitais:
   Administração de empresas 658.15

Finanças e mercados de capitais

Mercados fractais: a nova fronteira das finanças

(Coletânea de artigos do MBA em Finanças Corporativas e Mercados de Capitais da UFF)

Carlos José Guimarães Cova (org.)

Com artigos de

Maurício Corrêa de Souza
Guilherme Gonçalves Soares Neto
Alexandre Paula Silva Ramos
Walter Duarte de Araújo
Osil Tissot Bastos
Aloísio Teixeira Machado
Dhayane André Jardim
Rômulo Mattos de Carvalho

CENGAGE Learning

Austrália • Brasil • Japão • Coreia • México • Cingapura • Espanha • Reino Unido • Estados Unidos

CENGAGE Learning™

Finanças e mercados de capitais – Mercados fractais: a nova fronteira das finanças

Carlos José Guimarães Cova (Org.)

Gerente Editorial: Patricia La Rosa

Editora de Desenvolvimento: Monalisa Neves

Supervisora de Produção Editorial: Fabiana Alencar Albuquerque

Copidesque: Ana Paula Santos

Revisão: Fernanda Batista dos Santos

Diagramação: Alfredo Carracedo Castillo

Capa: MSDE/Manu Design

©2012 Cengage Learning Edições Ltda.

Todos os direitos reservados. Nenhuma parte deste livro poderá ser reproduzida, sejam quais forem os meios empregados, sem a permissão, por escrito, da Editora. Aos infratores aplicam-se as sanções previstas nos artigos 102, 104, 106 e 107 da Lei nº 9.610, de 19 de fevereiro de 1998.

Para informações sobre nossos produtos, entre em contato pelo telefone
0800 11 19 39
Para permissão de uso de material desta obra, envie seu pedido para
direitosautorais@cengage.com

© 2012 Cengage Learning.
Todos os direitos reservados.
ISBN-10: 85-221-1128-6
ISBN-13: 978-85-221-1128-2

Cengage Learning
Condomínio E-Business Park
Rua Werner Siemens, 111 – Prédio 20
Espaço 04 – Lapa de Baixo
CEP 05069-900 – São Paulo – SP
Tel.: (11) 3665-9900 – Fax: (11) 3665-9901
SAC: 0800 11 19 39

Para suas soluções de curso e aprendizado, visite **www.cengage.com.br**

Impresso no Brasil.
1 2 3 4 5 6 7   13 12 11

Apresentação

O presente livro é resultado de um grande esforço de mobilização dos integrantes do Programa de MBA em Finanças Corporativas e Mercado de Capitais da Universidade Federal Fluminense. Os capítulos desta coletânea são compostos pelos trabalhos de conclusão de curso dos atuais Especialistas em Finanças e Mercado de Capitais, bem como por ensaios teóricos realizados pelo Professor Carlos José Guimarães Cova, coordenador do programa, e demais integrantes do grupo de pesquisa.

Cada vez mais se observa um aprofundamento conceitual no campo das Finanças Corporativas, que está intimamente ligado à denominada Economia Financeira, também conhecida por Moderna Teoria Financeira. Nas tipologias preestabelecidas para as áreas de conhecimento abordadas neste livro, podemos verificar que os assuntos relativos aos Mercados Financeiros e os Mercados de Capitais são referenciados na grande área de Economia, enquanto as Finanças integram a grande área de Administração. Fica difícil estabelecer um marco divisório ou uma categoria específica para o tema tratado, tamanha é a multiplicidade de aspectos que são contemplados nos estudos aqui apresentados.

Julgamos que os textos apresentados neste livro servem como fonte de referência para estudiosos nas áreas de Administração, Ciências Contábeis e Economia, bem como para os profissionais que atuam no Mercado Financeiro e para aqueles que desejam um aprofundamento nas questões relativas às Finanças e Mercados Financeiros.

Procuramos manter um estilo bastante formal, do ponto de vista metodológico, em virtude de os trabalhos representarem ensaios acadêmicos enquadrados no Grupo de Pesquisa em Finanças e Mercado de Capitais da UFF.

Nesse sentido, apresentamos alguns trabalhos que possuem caráter inédito no mercado editorial brasileiro, tais como o artigo que trata da Hipótese do Comportamento Fractal dos Mercados Financeiros. Trata-se de uma hipótese que vem de encontro ao pensamento do *mainstream* da Teoria Financeira Contemporânea, que acolhe a Hipótese dos Mercados Eficientes e suas implicações.

A Hipótese dos Mercados Fractais constitui-se numa grande inovação doutrinária, que tende a revolucionar a Teoria Financeira, com reflexos nos procedimentos de gestão de risco e carteiras adotados pelas instituições financeiras.

Tenham uma excelente leitura!

Carlos José Guimarães Cova

Sumário

CAPÍTULO 1 1
O colapso da hipótese dos mercados eficientes e suas implicações
para a teoria das finanças corporativas

CAPÍTULO 2 21
O declínio da hipótese de eficiência nos mercados financeiros e a emergência da hipótese
fractal como novo paradigma descritivo do comportamento das séries temporais de retornos

CAPÍTULO 3 47
A violação da hipótese dos mercados eficientes com o uso de indicador de análise técnica

CAPÍTULO 4 65
A emergência da hipótese dos mercados fractais como aperfeiçoamento da gestão de
riscos nos mercados financeiros

CAPÍTULO 5 89
Teorias do caos e da complexidade: um novo paradigma do mercado financeiro?

Capítulo 6 107
Estratégias de investimento no mercado de capitais brasileiro sob a ótica de Warren Buffett

CAPÍTULO 7 127
Critérios de avaliação das agências de *rating*

CAPÍTULO 8 153
A participação das agências de *rating* no mercado de capitais brasileiro

Introdução

No primeiro capítulo, são descritos alguns conceitos desenvolvidos por Markowitz e ampliados por Sharpe que vieram a ser conhecidos como Modelo CAPM, ou modelo de precificação de ativos de capital. O CAPM combina a Hipótese dos Mercados Eficientes com os modelos matemáticos de Markowitz sobre a Teoria do Portfólio, no bojo de uma suposição de que o comportamento dos investidores seria baseado em expectativas racionais. Esta racionalidade seria definida como a capacidade de avaliar títulos com base nas informações disponíveis. Em particular, há a suposição de que os investidores possuem expectativas homogêneas de retorno. Não obstante, verificam-se numerosas anomalias em que podem ser obtidos excessos de retornos, o que contraria o "jogo justo" da Hipótese de Eficiência dos Mercados. Essas anomalias sugerem que o paradigma corrente requer um ajuste que as leve em consideração.

O capítulo 2 aprofunda a análise da questão acerca da Hipótese dos Mercados Eficientes. Esse tópico tem o objetivo de analisar a validade de uma hipótese alternativa para descrever o comportamento das séries temporais de preços nos mercados financeiros. Trata-se de uma pesquisa descritiva e explicativa. Inicialmente são analisados os elementos que sustentam a Hipótese dos Mercados Eficientes (HME), de tal forma a demonstrar que as exceções à condição de independência de eventos e sua idêntica distribuição são tão frequentes que a regra geral passa a ser exceção. O texto discorre sobre as conjecturas feitas por importantes observadores de questões empíricas relativas ao comportamento dos mercados, como Soros e Taleb, para destacar que a racionalidade no comportamento dos agentes econômicos é contrafactual, o que fragiliza grande parte do arcabouço teórico contemporâneo. Passa-se a descrever, com base nos trabalhos de Peters e Mandelbrot, a geometria fractal e o comportamento de uma série temporal fractal, que possui dependência entre eventos em distintas escalas de tempo. Em seguida, são empregados instrumentos como a *rescaled range analysis* (R/S) e o coeficiente de Hurst (H), definidos por Mandelbrot, para verificar a existência de comportamento persistente em séries temporais de retornos. Caso as séries temporais de retornos apresentassem uma memória longa, elas não poderiam mais confirmar o comportamento de passeio aleatório previsto pela HME, e sim um comportamento de série temporal fractal. Vários experimentos com distintas séries de retornos em múltiplos mercados confirmaram a persistência das séries de preços, sem exceção, evidência que fragiliza a HME e ressalta a necessidade de assimilação pela doutrina do fato de que o comportamento de série temporal fractal é mais apropriado para descrever o comportamento dos mercados financeiros.

No capítulo 3 são discutidas questões como a validade de uma gestão ativa de portfólio face à gestão passiva, baseada na HME. O texto apresenta uma comparação entre duas estratégias de investimentos distintas. A primeira está baseada na HME, que postula a superioridade de uma estratégia passiva de investimentos vis-à-vis a qualquer estratégia de gestão ativa de portfólios. Ainda que suas premissas sejam extremamente simplificadoras, ao longo dos anos essa teoria tem sido amplamente recepcionada pela comunidade científica.

Precedendo a aplicação estratégica, discorre-se sobre os conceitos que envolvem a HME, a fim de caracterizá-la e contextualizá-la ao estudo. A segunda abordagem está fundamentada na Análise Técnica, que emprega gráficos para identificar pontos de compra e venda de ativos. Apesar de não ser acolhida de forma tão ampla quanto a HME (sendo inclusive contestada pela doutrina econômica), a Análise Técnica tem evoluído e conquistado seu espaço entre os investidores, analistas e também no meio acadêmico, que outrora não admitiam sua cientificidade, comparando-a à Astrologia, como se suas conclusões não passassem de presságios.

Destarte, discorre-se sobre a Análise Técnica, caracterizando os elementos de definição empregados neste estudo. Após caracterizadas as estratégias, é realizada uma simulação da aplicação de cada uma separadamente, num mesmo período de manutenção de ambos os investimentos. Por fim, os resultados são comparados, demonstrando-se que a HME pode ser violada com a adoção de indicadores técnicos na gestão do portfólio.

No capítulo 4 apresentamos uma metodologia de análise de risco, fundamentada na Hipótese dos Mercados Fractais, que visa entender o real comportamento dos preços dos ativos transacionados no Mercado Financeiro, por meio de uma análise mais apurada, calcada em hipóteses plausíveis e mais realistas.

No capítulo 5 apresentamos uma abordagem diferenciada sugerida pelas Teorias do Caos e da Complexidade, cujas premissas apresentam maior consonância com a realidade observada no Mercado Financeiro. Em seguida, exemplificamos alguns

Sistemas Complexos Adaptativos, suas características e suas propostas para explicar o mercado, com ênfase na Estrutura Fractal.

No capítulo 6 é apresentada uma simulação de formação de portfólio a partir de critérios identificados como relevantes na tomada de decisão do investidor Warren Buffet. O texto trata da questão relativa à aceitação da Hipótese de Eficiência dos Mercados (HME) por um gestor de carteiras que queira obter um retorno superior ao índice da bolsa de valores. Caso o gestor aceite a HME, bastaria que ele adotasse uma gestão passiva, com a manutenção de uma carteira que refletisse esse índice, para obter um retorno equivalente ao mercado. Não obstante, se o gestor entender que a HME pode ser violada, ele pode praticar uma estratégia ativa de gestão, comprando e vendendo as ações, para obter um retorno superior ao mercado. Trata-se da ideia de realizar o *Market Timing*. No caso deste trabalho, optou-se por apresentar uma linha alternativa de gestão de carteiras, no sentido de que haveria a manutenção das ações na carteira por um prazo longo, ou seja, não seria praticado o *Market Timing*, contudo seriam estabelecidas algumas premissas na escolha das ações que vão integrar o portfólio. Nesse sentido, seriam adotados os princípios do investidor americano Warren Buffet, que desenvolveu uma metodologia de seleção de ações para o seu portfólio que se mostrou vencedora, conforme atesta o desempenho da sua empresa de gestão de ativos. O texto procura evidenciar que o uso da estratégia de Warren Buffet no período compreendido entre 1997 e 2007 teria proporcionado ganhos superiores aos obtidos com uma estratégia passiva de gestão de carteiras.

No capítulo 7 apresentamos um estudo cujo objetivo foi verificar eventuais lacunas nos processos utilizados pelas agências de *rating* ao aferir as notas que caracterizam o *ranking* de investimentos, amplamente utilizadas no mercado financeiro como critério de atratividade de financiamentos externos. Para sustentar a argumentação, foram utilizadas publicações de revistas especializadas. É relevante destacar a questão do conflito de interesse, pois os maiores interessados em conseguir uma boa classificação são os próprios clientes das agências de *rating*, ou seja, aqueles que financiam o negócio. Os resultados mostram que os processos utilizados pelas agências de risco são subjetivos e incógnitos, abrindo margem para questionamentos a respeito da imparcialidade e de sua probidade na atribuição das notas.

Por fim, o capítulo 8 complementa a análise anterior, enfocando a importância das Agências de *Rating* para o Mercado de Capitais Brasileiro. Nesse sentido, apresentam-se pesquisas bibliográficas sobre os principais conceitos, estruturas, procedimentos operacionais e metodologias relacionadas à atuação das agências de classificação de risco. O estudo revelou que, no Brasil, apesar de as agências atuarem há pouco tempo, o mercado é praticamente dominado pelas três grandes agências internacionais *Moody's, Fitch e Standard and Poor's*. Pôde-se concluir também que, apesar das críticas relacionadas a possíveis conflitos de interesses e a falta de mecanismos que fiscalizem a atuação dessas agências, a utilização dos *ratings* é um instrumento que contribui não só para a tomada de decisões dos investidores, como também para a formação de políticas de gestão dos emissores e avaliações sobre riscos de contraparte, utilizadas pelas instituições financeiras.

CAPÍTULO 1

O colapso da hipótese dos mercados eficientes e suas implicações para a teoria das finanças corporativas

Carlos José Guimarães Cova

A hipótese de eficiência dos mercados e as finanças corporativas

Constitui uma questão seminal na Teoria das Finanças e do mercado de capitais a investigação acerca da evidência empírica da Hipótese dos Mercados Eficientes (HME). De acordo com essa hipótese, um mercado seria eficiente se toda e qualquer informação nova e relevante, que impacte decisões de composição de portfólio, for imediatamente refletida nos preços dos ativos que estão sendo transacionados neste mercado.

Tal hipótese fundamenta o modelo de avaliação de ativos financeiros mais disseminado nas Escolas de Finanças. Trata-se do Modelo CAPM – *Capital Asset Pricing Model* – concebido por William F. Sharpe, no início da década de 1960, e que era uma evolução da teoria de Harry Markowitz relativa à seleção de portfólio e à diversificação. O modelo CAPM está fundamentado na ideia de que os ativos devem obter um nível exigido de retorno para compensar o seu grau de risco sistemático, também conhecido por ß (beta). Esta medida de risco sistemático representaria a sensibilidade do retorno de um ativo ao retorno do mercado como um todo.

Segundo Póvoa (2004, p. 139), nos modelos de avaliação de empresas que empregam o fluxo de caixa descontado, o custo de capital próprio é um elemento fundamental na construção dessa ferramenta. Seja no caso de se considerar o fluxo de caixa para a firma, quando então se utiliza o WACC, ou ainda no caso do fluxo de caixa para o acionista, que emprega o custo de capital próprio como critério para a taxa de desconto, o emprego do conceito de risco sistemático beta e do modelo CAPM é fundamental. Nesse sentido, as metodologias de *Valuation*, adotadas e consagradas pela academia e pelo mercado, abrigam a HME como suposição obrigatória.

Preliminarmente, cumpre definir e caracterizar a entidade de referência, qual seja, o mercado. Em sentido amplo, o mercado representa o *locus* onde ocorrem as trocas em uma economia. Em um sentido mais restrito, tem-se o mercado financeiro, que, segundo Pinheiro (2001), pode ser definido como "o lugar pelo qual se produz o intercâmbio de ativos financeiros e se determinam seus preços".

Tal intercâmbio decorre do fato de que a renda gerada no sistema de produção da economia não é homogênea, ou seja, existem agentes superavitários (que têm excedente de renda porque esta é maior do que o consumo, o que gera poupanças) e deficitários (para os quais o consumo é superior à renda).

Os mercados financeiros devem cumprir as seguintes funções, ainda de acordo com aquele autor: permitir o contato entre os agentes superavitários e deficitários; ser um mecanismo de fixação de preços; proporcionar liquidez aos ativos; e reduzir preços e custos de intermediação. A eficiência de um mercado estaria intimamente associada ao cumprimento dessas funções.

Nesse sentido, em um mercado eficiente, as variações dos preços evidenciam um comportamento aleatório, sem um padrão definido, em virtude de refletirem instantaneamente as informações novas que chegam ao mercado, porquanto estas, por sua vez, também não podem ser deduzidas de informações anteriores e, por isso, são consideradas independentes ao longo do tempo.

O aspecto mais importante decorrente da verificação da hipótese de eficiência do mercado consiste no fato de que, se ela existe, então não é possível ao investidor adotar alguma estratégia de seleção de ativos para conseguir obter uma performance superior a um portfólio de mercado, ou seja, uma carteira que represente o mercado como um todo, tal como os índices Dow Jones e o Ibovespa.

Grande parte do arcabouço teórico que permite o manejo dessas questões foi formalizado em termos matemáticos por Harry Markowitz, que estilizou o conjunto formado pelos ativos transacionados no mercado de capitais em um espaço cujas dimensões são o retorno esperado dos ativos, medido pelo valor esperado ou média dos retornos verificados no passado, em porcentagem, e o risco total desses ativos, medido pelo desvio-padrão desses retornos.

Não obstante, as primeiras pesquisas procuravam verificar se os retornos passados poderiam ser usados para a previsão de movimentos futuros, sob a hipótese restritiva de que os retornos esperados dos ativos são constantes ao longo do tempo. Na medida em que foram verificadas algumas anomalias no comportamento desses retornos esperados, esta hipótese restritiva começou a ser relaxada, porém aumentando o grau de dificuldade em inferir se tais anomalias decorrem das mudanças racionais nas expectativas dos agentes econômicos ou de alguma ineficiência inerente aos mercados. Existiam duas hipóteses que fundamentavam as primeiras teorias acerca do funcionamento do mercado:

1ª Todas as informações relevantes concernentes aos ativos transacionados no mercado de capitais são imediatamente disseminadas por todos os agentes econômicos, sem custos informacionais.

2ª Os agentes econômicos internalizam completamente as informações relevantes disponibilizadas e adaptam as suas expectativas e preferências, de maneira a precificarem os ativos baseados na avaliação econômica real dos mesmos, ou seja, não existem ativos subvalorizados ou supervalorizados.

Passaremos em seguida para uma formalização dos conceitos de eficiência dos mercados.

A caracterização da eficiência dos mercados

Antecedentes

A questão relativa à hipótese de eficiência dos mercados reveste-se de grande importância na ocasião em que se estabelece o processo de tomada de decisão no ambiente econômico-financeiro. O fato de os mercados serem ou não eficientes implica em alterações na construção lógica da estratégia de decisão do agente investidor, cuja maximização utilitária pressupõe o aumento da razão retorno / risco.

Não obstante, a eficiência dos mercados constitui-se em um tema controverso, que não encontra consenso ou unidade de doutrina, na medida em que existem distintas abordagens de testes empíricos que ora provam e ora refutam a eficiência do mercado.

Nesse sentido, se os mercados forem eficientes, os preços de mercado fornecem a melhor estimativa do valor dos ativos, e um eventual processo de avaliação constituir-se-ia em um mero instrumento de justificação para o resultado encontrado. Não obstante, se os mercados não forem eficientes, os preços de mercado dos ativos podem se desviar do seu valor justo, e o processo de avaliação seria a metodologia adequada para a obtenção de uma estimativa razoável de seu valor.

Neste último caso, um investidor que sistematicamente fizesse boas avaliações, traduzindo o que a doutrina denomina por *Market Timing* (Mescolin *et alii*, 2000), seria capaz de obter uma maior performance na relação retorno/risco, comparativamente aos demais investidores, em razão de sua capacidade de identificar ativos supervalorizados ou subvalorizados.

A estratégia do *Market Timing* consiste na capacidade de o investidor prever, dentre duas ou mais classes de ativos, qual delas deverá obter o maior retorno, utilizando esta previsão com a finalidade de maximizar sua rentabilidade.

Além disso, a investigação sobre a eficiência do mercado pode ser orientada para determinados segmentos ou parcelas dos ativos que o constituem. Dessa forma, podem ser identificadas ineficiências em subamostras dos ativos, permitindo que um investidor possa identificar ocorrências de subvalorização.

Destarte, qual é, afinal, a caracterização de um mercado eficiente? De acordo com Damodaran (1997), um mercado eficiente é aquele em que o preço de mercado é uma estimativa não tendenciosa do valor real do ativo considerado, permanecendo implícitos alguns conceitos nesta definição.

O primeiro deles se refere ao fato de que a eficiência de mercado não exige que o preço de mercado seja igual ao valor real a cada instante. O requisito necessário é que os erros dos preços de mercado não sejam tendenciosos, ou seja, que os preços possam ser maiores ou menores do que o valor real, mas desde que esses desvios ocorram de forma aleatória.

O segundo conceito trata da implicação de que haja uma igual probabilidade de que uma dada ação esteja sub ou superavaliada em qualquer instante do tempo, e que estes desvios não sejam correlacionáveis com qualquer variável observável.

Por fim, como último conceito implícito, se os desvios dos preços de mercado em relação aos valores reais forem aleatórios, nenhum grupo de investidores poderia ser capaz de, sistematicamente, identificar ações subavaliadas ou supervalorizadas empregando qualquer estratégia de investimentos.

Este autor lembra ainda que as definições acerca da eficiência do mercado devem ser específicas não apenas com relação ao mercado que está sendo considerado, mas também quanto ao grupo de investidores abrangido. Isto quer dizer que seria bastante improvável que todos os mercados fossem eficientes para todos os investidores, porém, em um mercado específico, como, por exemplo, a Bovespa, seria possível que se verificasse a hipótese da eficiência com respeito a um investidor médio.

Um outro aspecto a ser destacado na definição da hipótese de eficiência do mercado diz respeito ao conteúdo informacional do agente investidor. Nesse sentido, é admitida a hipótese de que as informações relevantes para a tomada de decisão estão disponíveis para todos os agentes, que, racionalmente, fariam tais informações refletirem-se nos preços das ações. As informações seriam tanto as de caráter público quanto aquelas de caráter privado, de forma que, sob essa ótica, mesmo os investidores possuidores de *inside information* precisas seriam incapazes de obter um desempenho superior ao do mercado.

Damodaran registra que E.F. Fama estabeleceu uma classificação acerca dos níveis de eficiência do mercado que tem sido acolhida pela doutrina em recorrentes trabalhos. Esta taxonomia pode ser compreendida a partir da abordagem de Brigham *et Alii* (2001), cujo cerne consiste na indagação sobre a disponibilidade efetiva das informações, dados que deverão impactar os preços das ações.

Conforme o volume de informações disponíveis, diferentes graus de eficiência de mercado seriam verificados, conforme segue:

(1) – *Eficiência fraca:* A hipótese de eficiência de mercado na forma fraca admite que os preços correntes de mercado refletem as informações contidas nos movimentos de preços do passado. Dessa forma, qualquer informação que procure evidenciar algum padrão ou correlação nos comportamentos intertemporais dos preços das ações não seria útil para o estabelecimento de estratégias, porque, se este padrão realmente existisse, como admitem os observadores da fita informativa das bolsas, denominados "grafistas", outros investidores também poderiam descobri-lo, e assim impedir a estratégia de algum outro investidor. Não obstante, como essa forma apenas se refere às informações passadas, o conhecimento e análise de informações presentes ou de alguma informação não pública (*inside information*) constituiriam um diferencial a ser levado em conta em uma estratégia de investimento.

(2) – *Eficiência semiforte:* A hipótese da eficiência de mercado na forma semiforte considera que os preços correntes do mercado refletem todas as informações disponíveis ao público. Dessa forma, uma estratégia que objetivasse estudar os relatórios contábeis anuais das empresas, para conhecer os seus fundamentos (análise fundamentalista), também não seria eficaz, na medida em que os preços das ações no mercado já teriam sido ajustados por quaisquer notícias, boas ou ruins, que porventura estivessem contidas nos relatórios anuais ou outros dados publicados. Convém observar que a forma semiforte absorve a forma fraca, no sentido de que o conteúdo informacional daquela é mais amplo do que o desta última. Destarte, ainda existiria alguma possibilidade de obtenção de ganhos superiores para aqueles investidores que possuíssem *inside information*.

(3) – *Eficiência forte:* A hipótese da eficiência de mercado na forma forte afirma que os preços correntes de mercado refletem todas as informações pertinentes ao ambiente

de mercado, sejam elas de domínio público ou ainda aquelas que são mantidas em privacidade. Assim, caso se verifique a eficiência de mercado na forma forte, mesmo os agentes possuidores de *inside information* não conseguiriam obter retornos extraordinários no mercado acionário. Esta forma de eficiência de mercado possui um conteúdo informacional mais abrangente do que as anteriores. Esta circunstância deve ser levada em consideração quando for realizada alguma análise empírica com vistas a evidenciar a hipótese correspondente.

Com relação a esta classificação, existe uma evidência empírica convergente no sentido de que o mercado seja eficiente nas suas formas fraca e semiforte, sobretudo para determinadas ações cuja relevância impõe um maior acompanhamento. Entrementes, não há uma sustentação empírica de que a eficiência de mercado na forma forte se mantenha.

Em consequência, a posse das *inside information* constitui uma oportunidade a ser aproveitada no estabelecimento de estratégias de investimentos, com vistas à obtenção de ganhos superiores ao mercado.

Uma análise acerca desta classificação pode ser observada em Germain (2001), que exemplifica os três tipos de informações considerados na teoria financeira: aquelas contidas nos preços passados; as informações públicas; e todas as informações públicas e privadas.

Como exemplo das informações contidas nos preços passados, ter-se-ia a série de alterações no preço que precederam o preço atual de um ativo financeiro e, em particular, se ocorreram aumentos ou diminuições. Um exemplo de informação pública seria o anúncio dos ganhos de uma companhia. Um exemplo típico de informação do terceiro tipo seria o conhecimento de uma aquisição iminente de uma companhia por outra, restrito aos gestores de ambas as companhias.

Germain mostra que o teste da eficiência na forma fraca pode ser realizado a partir do exame da evidência de que as alterações atuais nos preços dos valores mobiliários estão relacionadas com as alterações passadas. Se esse fosse o caso, os investidores poderiam antecipar as alterações futuras nos preços a partir das alterações passadas, e o mercado não seria eficiente.

Nesse sentido, existem evidências de que a forma fraca de eficiência do mercado se sustenta, pois as alterações de preços parecem acompanhar aquilo que é chamado de caminho aleatório, com uma pressão para cima. O conceito de caminho aleatório define uma série de movimentos, tais como as alterações nos preços, nos quais cada movimento é totalmente desvinculado dos movimentos anteriores. Em termos estatísticos, os retornos sobre os ativos seriam distribuídos de forma independente e idêntica.

O teste da eficiência na forma semiforte pode ser feito verificando se as informações reveladas em um anúncio público são incorporadas nos preços dos valores mobiliários imediatamente, ou se isso ocorre após um período de tempo. Se o segundo caso ocorrer, alguns investidores poderiam antecipar os preços futuros, a partir destas informações, e obter lucros adicionais, contrariando a hipótese de eficiência do mercado. Germain mostra que estudos empíricos que focalizam as alterações de preços nos dias em que os anúncios são feitos revelaram que as informações foram incorporadas aos preços no mesmo dia.

A maneira de testar a eficiência de mercado na forma forte consiste em verificar se os membros internos das companhias, tais como os executivos de primeiro escalão ou diretores, realizam lucros com base em suas informações privadas relativas às perspectivas de suas companhias. Há evidências de que os membros internos fazem isso, sugerindo que a eficiência do mercado na sua forma forte não se mantém, em contraste com as formas fraca e semiforte.

Não obstante, no momento em que alguém que possui informações privilegiadas começa a negociar no mercado, os preços passam a incorporar este sinal, à medida que os participantes inferem a presença de *inside information*.

É interessante destacar uma observação corrente entre aqueles que acreditam na eficiência de mercado. Considerando que no mercado acionário norte-americano existem cerca de 100 mil analistas profissionais e operadores altamente treinados atuando no mercado, enquanto há pouco mais de 3 mil ações importantes, então haveria um número muito alto de analistas acompanhando o comportamento de cada ação, que seriam capazes de avaliá-las simultaneamente, fazendo com que seus preços rapidamente se ajustassem ao impacto das informações.

Em consonância com esses doutrinadores, Assaf Neto (2000) lembra que o valor de um ativo em um mercado eficiente seria o reflexo do consenso dos participantes do mercado, com relação ao desempenho esperado do referido ativo, de tal forma que as decisões de compra e de venda refletiriam as interpretações dos fatos relevantes.

Este autor assinala as hipóteses básicas do mercado eficiente:

Hipótese a: nenhum participante do mercado teria condições de influenciá-lo sozinho, com base nas suas expectativas.

Hipótese b: o mercado é constituído por investidores racionais, no sentido de que maximizam retornos e minimizam riscos.

Hipótese c: todas as informações estariam disponíveis aos participantes, de forma instantânea e gratuita.

Hipótese d: não haveria racionamento de capital, com todos os participantes possuindo igual acesso às fontes de crédito.

Hipótese e: todos os ativos negociados seriam perfeitamente divisíveis e negociados sem restrições.

Hipótese f: as expectativas dos investidores seriam homogêneas.

Este elenco de hipóteses constitui-se em uma redução ou simplificação da realidade, que não possui aderência com os fatos do mundo real. Negar que a maior parte dessas suposições são contrafactuais constitui um rompimento com a lógica e o método científico que não passará impune, conforme verificaremos mais adiante neste trabalho.

Assaf Neto, citando Dyckman e Morse, lembra que o mercado acionário possui algumas características que o torna mais eficiente que os demais mercados. Além disso, sugere que, se os mercados de ações não se comportassem de forma eficiente, seria pouco provável que os demais mercados o fizessem.

As características que fariam o mercado acionário eficiente são: a rapidez com que as ordens de compra e venda são executadas no ambiente organizado desses mercados; o elevado número de *players* ativos nesses mercados; e uma maior disseminação das informações das empresas.

Por fim, Securato (1996) nos remete à caracterização de Ney Brito, que estabelece três níveis de eficiência para os mercados de capitais em particular, e para os mercados financeiros em geral: eficiência ao nível informacional; eficiência ao nível alocacional; e eficiência ao nível operacional.

Com relação ao nível informacional, o mercado seria eficiente quando as informações geradas no ambiente econômico fossem imediatamente refletidas sobre os preços. Essas informações poderiam ser de âmbito próprio, ligadas à empresa ou à instituição captadora de recursos, ou poderiam ser de âmbito conjuntural, com impactos na empresa ou na instituição captadora.

Sob o aspecto do nível alocacional, a eficiência do mercado estaria na habilidade da intermediação financeira em desenvolver títulos que permitam uma melhor alocação de poupanças e investimentos na economia. Dessa forma, o equilíbrio entre investidores e captadores de recursos não permitiria que uma das partes pudesse impor preços a outra.

A dimensão referente ao nível da eficiência operacional do mercado caracteriza-se pela forma com que as instituições financeiras assessoram seus clientes em relação à operação e à circulação dos títulos no mercado. Os custos envolvidos na operação, tais como comissões, corretagens e impostos, deverão inibir ou mesmo inviabilizar uma transação.

Requisitos e implicações da eficiência de mercado

De acordo com Damodaran, não há um mecanismo automático que torne os mercados eficientes. Essa condição seria o resultado das ações dos investidores, que, por meio de barganhas e aplicação de esquemas que possuem desempenho melhor do que o mercado, acabam tornando-o eficiente. Existiriam então algumas condições necessárias para a eliminação das ineficiências do mercado.

A primeira condição diz respeito ao fato de que a ineficiência do mercado deveria fornecer o fundamento para que um dado esquema pudesse evidenciar um desempenho superior ao mercado e assim obter retornos adicionais. Não obstante, esta condição apenas seria válida se o ativo que é a fonte dessa ineficiência fosse negociado, e, além disso, se os custos de transações para a execução do esquema fossem menores do que os benefícios adicionais esperados com sua efetivação.

O outro requisito essencial seria a existência de agentes maximizadores de lucros, possuidores de recursos para negociação, com capacidade de identificar as oportunidades de obtenção de retornos adicionais, e, ainda, com capacidade de reiterar o esquema de obtenção de benefícios superiores àqueles oferecidos pelo mercado. Nesse sentido, os investidores deveriam possuir recursos suficientes para replicar o esquema até que a ineficiência desaparecesse.

Não obstante, a obtenção da eficiência do mercado parece encerrar uma contradição lógica, pois, ao mesmo tempo em que se alega não ser possível atingir um desempenho superior ao mercado, se este for eficiente, condiciona-se essa mesma eficiência à existência de investidores maximizadores de lucros que busquem sistematicamente formas de obter um melhor desempenho do que o mercado, e, assim, torná-lo ineficiente, até que esta ineficiência desapareça.

Se as expectativas dos investidores convergissem no sentido de que o mercado fosse, de fato, eficiente, então não haveria estímulo em procurar eventuais ineficiências. Porém, se os investidores não ficassem sistematicamente procurando ineficiências, isso acabaria por tornar o mercado ineficiente.

Apesar dessa aparente contradição, faz sentido admitir a existência de um mercado eficiente, que traduz um mecanismo de autocorreção, no qual as ineficiências aparecem em intervalos regulares, mas desaparecem quase que instantaneamente, por força da atuação dos investidores que as descobrem e aplicam os seus esquemas de investimentos sobre elas.

Entrementes, se a eficiência de mercado é o resultado de uma busca incessante de ineficiências nestes mesmos mercados, por parte dos investidores, então convém apresentar algumas proposições acerca de onde poderiam ser encontradas, com maior probabilidade, essas ineficiências.

Damodaran lembra que a aceitação da hipótese de eficiência do mercado não é uma ideia pacífica, pois ela provoca fortes críticas por parte dos gerentes de carteira e analistas, na medida em que, neste caso, teriam as suas existências profissionais ameaçadas.

Nesse sentido, a eficiência de mercado teria as seguintes implicações:

1ª   Em um ambiente de mercado eficiente, a pesquisa e a avaliação do patrimônio líquido das empresas não traria benefícios que justificassem seus custos, porque a probabilidade de ser encontrada uma ação subvalorizada seria da ordem de 50%, em razão da aleatoriedade dos erros de precificação.

2ª   Em face da eficiência do mercado, uma estratégia de diversificação aleatória do perfil de ações ou de indexação aleatória ao mercado, com baixos custos de informação e execução, seria sempre superior a qualquer outra estratégia que criasse mais informações e maiores custos de execução, ou seja, a ação dos gerentes de carteiras e estrategistas de investimentos não agregaria valor.

3ª   Em um mercado eficiente, a estratégia de minimização das negociações seria superior a qualquer outra estratégia que demandasse negociações frequentes.

O autor lembra também que a admissibilidade da hipótese da eficiência de mercado não deve implicar que os agentes assumam algumas expectativas falsas, tais como: que os preços das ações não possam se desviar do seu valor real; que nenhum investidor possa ter desempenho superior ao mercado em qualquer período de tempo; ou que nenhum grupo de investidores possa ter desempenho superior do que o mercado no longo prazo.

No primeiro caso, seria possível a existência de grandes desvios do valor real, desde que fossem aleatórios. Com relação à possibilidade de um desempenho superior ao mercado, por parte de um investidor, em verdade, aproximadamente metade dos investidores, descontados os custos de transação, deverá evidenciar um desempenho superior ao mercado em qualquer período de tempo.

Por fim, de um ponto de vista estritamente probabilístico, considerando-se um número total de investidores no mercado financeiro, alguns investidores deverão evidenciar um desempenho melhor do que o mercado, não porque suas estratégias são superiores, mas sim porque têm sorte.

Formalização conceitual da hipótese de eficiência de mercado

De acordo com Fama & Miller (1972), os modelos de incerteza de equilíbrio de mercado assumem que as expectativas dos agentes econômicos sejam homogêneas, ou seja, que os participantes do mercado concordam com as implicações acerca das informações disponíveis para os preços correntes, bem como para a distribuição de probabilidade dos preços futuros dos investimentos de capital individuais.

Dessa forma, o mercado possuiria algumas características desejáveis. De acordo com essa suposição, o preço dos títulos forneceria sinais para uma eficiente alocação de recursos, ou seja, as firmas poderiam realizar suas decisões de investimentos e os consumidores poderiam escolher entre os diversos títulos representativos das propriedades das empresas, sob o pressuposto de que eles refletiriam, em um dado tempo, todas as informações disponíveis.

Essa característica dos mercados seria inerente à condição prevista na Hipótese de Eficiência dos Mercados.

Na apresentação dos fundamentos teóricos do modelo representativo dos mercados eficientes, esses autores apresentam aspectos que se ajustam às evidências empíricas dos testes realizados.

Não obstante, a consideração acerca de que os preços refletem todas as informações disponíveis requer uma melhor caracterização desta última condição ("refletem todas").

Nesse sentido, é possível admitir que os títulos no mercado de capitais sejam representados por dois parâmetros, o risco e o retorno esperado, sendo este último uma função do primeiro. Todos os títulos assim categorizados podem ser descritos da seguinte forma:

$$E(\rho j, t + 1 \mid \phi t) = [1 + E(\bullet j, t+1 \mid \phi t)] p\, j,t$$

Onde:
E = valor esperado;
p j,t = preço do título j no período t;
$\rho j, t + 1$ = preço no período t + 1, acrescido dos rendimentos de eventuais fluxos de benefícios recebidos pelo título;

j,t+1 = retorno em percentagem no período;
φt = conteúdo informacional disponível (assumido como capaz de refletir todas as informações).
Obs.: os termos em negrito indicam variáveis aleatórias.

O processo de ajustamento de preços apresentado na equação ocorre da seguinte forma: Ao tempo t, o mercado usa todas as informações disponíveis φt para avaliar a distribuição de probabilidade do estimador **ρj,t + 1**, o qual, por sua vez, implicará o preço futuro esperado E(**ρj,t + 1** | φt).

Não obstante, Fama & Miller observam que o pressuposto de que as condições de equilíbrio de mercado podem ser estabelecidas em termos de valores esperados não alça este conceito matemático a um nível de inclusão na noção geral de eficiência do mercado. O emprego do valor esperado é apenas uma das maneiras possíveis de sintetizar medidas de distribuição de retornos. Além disso, a eficiência de mercado *per si*, ou seja, a noção geral de que os preços não refletem totalmente as informações disponíveis, não inclui este fato com alguma importância especial.

De qualquer forma, devemos ressaltar que assumir a validade de que as variações dos preços seguem um passeio aleatório que, por sua vez, poderia ser representado por uma distribuição normal, implica admitir que todas as variações de preços são independentes entre si, o que seria uma tremenda simplificação da realidade. O problema, conforme veremos, é quando a realidade começa a desobedecer as previsões teóricas.

A ruptura do paradigma da Hipótese dos Mercados Eficientes

A Hipótese dos Mercados Eficientes (HME) foi acolhida majoritariamente pelo *mainstream* dos doutrinadores de finanças corporativas e mercados financeiros. Essa hipótese está fundamentada em uma simplificação da realidade que, uma vez acolhida, torna confortável a análise. De acordo com esse pensamento, o mercado é capaz de transmitir, imediatamente, para os preços dos ativos, todas as informações relevantes. Contudo, não seria possível prever um movimento de preços no futuro, porque até uma eventual tendência já estaria refletida nos preços correntes. Assim, uma variação de preços no futuro, para mais ou para menos, teria a mesma probabilidade de ocorrer do que um movimento no sentido contrário, configurando um passeio aleatório. Além disso, essas variações de preços não teriam relação entre si, de forma que o seu conjunto compõe uma sequência de variáveis aleatórias independentes com semelhante distribuição. Não foi difícil associar essas distribuições de probabilidades à distribuição gaussiana, ou normal, pois a própria noção do Teorema Central do Limite permite que seja feito esse direcionamento. Assim, se os preços seguem um passeio aleatório, as chances de uma antecipação correta de seus movimentos são de 50%, ou seja, tanto se pode perder em metade das vezes, quanto se pode ganhar, na outra metade. Tal circunstância faz com que uma estratégia de gestão de carteiras seja inócua, devendo o gestor apenas se conformar em buscar uma posição que maximize a performance de risco e retorno, devendo a partir daí manter-se nessa posição e deixar que o crescimento natural do mercado no longo prazo se encarregue de fazer crescer o volume de riqueza. Não obstante, a Hipótese dos Mercados Eficientes tem sido contestada com bastante veemência em razão de seu falseamento empírico recorrente. Mandelbrot *et alii* (2004), um matemático que se especializou na Teoria dos Fractais, observou que o comportamento dos preços nos mercados financeiros não obedecia aos padrões esperados de uma distribuição de probabilidade "bem comportada". O *mainstream* da denominada "Moderna" Teoria Financeira se fundamenta na suposição de que os preços não são previsíveis, mas suas flutuações podem ser descritas por leis matemáticas da probabilidade, e, sendo assim, o risco seria mensurável e gerenciável. O problema reside no fato de que essa suposição considera que a curva normal seria capaz de descrever com perfeição o comportamento das variações dos preços nos mercados financeiros, e que essas variações seriam independentes umas das outras.

Mandelbrot identificou várias inconsistências na Hipótese dos Mercados Eficientes, sobretudo no que diz respeito ao fato de as variações dos preços seguirem uma distribuição normal. Ele observou os movimentos diários do *Dow Jones Industrial Average* e constatou que suas variações não tinham aderência a uma curva normal, pois as extremidades da distribuição registravam grande quantidade de variações intensas. Se a distribuição fosse normal, a teoria sugeria que variações do índice superiores a 3,4% apenas poderiam ocorrer em um total de 58 dias durante todo o período considerado. Não obstante, registraram-se variações dessa ordem em 1001 dias. Uma outra constatação mais dramática: oscilações diárias acima de 7% apenas poderiam ocorrer a cada 300 mil anos, mas no século XX foram registradas 48 ocorrências com essa magnitude! Tais ocorrências, longe de justificarem empiricamente uma distribuição normal, evidenciavam que os movimentos de preços obedeciam a uma espécie de "lei de potência", ou seja, eles evidenciavam variações para mais ou para menos com uma distribuição de frequência de curtose elevada. Ademais, não foi apenas o pressuposto de que os preços obedecem a um *random walk* que foi fragilizado. A suposição de que os agentes econômicos operam de forma racional e que também possuem expectativas homogêneas não resiste a um teste estatístico elementar.

No primeiro caso, verificamos que os indivíduos não raciocinam em termos de alguma utilidade teórica mensurável em unidades monetárias. Ao contrário, são capazes de tomarem decisões completamente ambíguas em termos de racionalidade.

Bernstein (1997) nos informa sobre a Teoria da Perspectiva, de Kahneman e Tversky, que revela a assimetria entre a forma com que os agentes tomam decisões envolvendo ganhos e perdas. Em uma experiência daqueles pesquisadores foi solicitado aos participantes que escolhessem entre 80% de chances de ganhar $4 mil e 20% de chances de nada ganhar ou o ganho certo de $3 mil. Embora a expectativa matemática da opção arriscada fosse maior (valor esperado de $3,2 mil), a quase totalidade optou pelos $3 mil certos. Em outra pesquisa, Kahneman e Tversky pediram aos agentes que escolhessem entre correr o risco de 80% de chances de perder $4 mil e 20% de chances de não sofrer prejuízos ou 100% de chances de perder $3 mil. Desta vez, a opção da maioria foi pelo risco, embora a expectativa matemática de perda também fosse superior à perda certa. Ficou assim evidenciado que os agentes econômicos possuem aversão ao risco para ganhos certos, ao mesmo tempo em que eles são propensos ao risco para perdas certas, fato que caracteriza um comportamento ambíguo e não racional. Quanto à validade das expectativas homogêneas, bastaria indagar se todos os investidores possuem os mesmos objetivos de investimentos e os mesmos horizontes de tempo, independente de suas idades e estoques de riquezas. Com relação a essa ambiguidade dos mercados, a análise de Fleuriet (2004) vem corroborar essa visão, quando ele afirma que não há consenso com relação à previsão tanto dos fluxos de caixa futuros de uma empresa quanto das taxas de desconto a serem empregadas, de forma que também não poderia haver um consenso acerca do valor do preço justo, ou *fair value*, das ações, até porque, se ele existisse, não haveria mercado, pois não existiriam compradores ou vendedores, já que todos teriam a mesma expectativa acerca do futuro. Não obstante, ainda que o uso do *fair value* seja consagrado, não se deve perder de vista que os instrumentos de *valuation* disponíveis, tais como o uso do modelo do Fluxo de Caixa Descontado, para mensuração do valor presente, ou o uso do Modelo de *Black & Scholes*, para avaliação de opções, possuem uma elevada carga de subjetividade e indeterminação. Ou seja, eles não são modelos perfeitos e acabados, capazes de explicar com acurácia plena os estados da natureza, mas sim ferramentas analíticas, que devem ser usadas com a devida cautela, por parte dos gestores. Nesse sentido, o alerta lançado por Mandelbrot *et alii* sobre os problemas inerentes à avaliação de opções é bastante eloquente. De acordo com esses autores, a consagrada fórmula de precificação desenvolvida por Fischer Black e Myron Scholes está errada, na medida em que parte de premissas irreais, tais como: os preços variam conforme uma distribuição normal; a volatilidade não muda durante a vida da opção; os preços não dão saltos; não existem impostos e comissões; e outras simplificações facilitadoras do processo matemático. O fato é que a consagração do uso desse modelo pelo mercado permitiu o surgimento de instrumentos financeiros cada vez mais sofisticados, que prometiam manter o risco sob o total controle dos gestores de carteiras. Contudo, episódios tais como a Segunda-feira Negra, de 19 de outubro de 1987, e a queda das ações de alta tecnologia, no ano 2000, demonstraram que os fundamentos sobre os quais se apoiavam os modelos de precificação eram muito frágeis. O primeiro dos fundamentos a cair foi a premissa de que a volatilidade não muda, o que é contrafactual se verificarmos o comportamento dos preços no mercado. Isso gerou um campo de estudo destacado das Finanças Corporativas, que tenta melhorar ou substituir o Modelo de *Black & Scholes*. Uma metodologia que vem assumindo aos poucos esse papel compreende os modelos da classe GARCH, ou *Generalized Autoregressive Conditional Heterocedasticity*, que permitem capturar as variações nas volatilidades dos ativos, mas que, embora sejam mais eficientes que a velha fórmula *Black & Scholes*, ainda não são suficientemente exatos para que se tenha plena confiança neles.

Outro fundamento que sustenta todo o arcabouço teórico predominante, mas que também está fragilizado, é a premissa de que a variação dos preços obedece a uma distribuição normal. Conforme ensina Paulos (2004), se essa premissa fosse válida, os movimentos extremos de preços, do tipo que ocasionam as bolhas especulativas e os *crashes* ou quebras nos mercados, deveriam ser raríssimos. No entanto, não é isso o que se verifica no mundo real, o que sugere que as distribuições de probabilidade, que melhor representam esses movimentos, devem possuir uma cauda mais "gorda" do que a cauda da distribuição normal.

Todas essas questões servem para demonstrar que o debate em torno do tema está apenas começando e que a tarefa que se apresenta diante de todos aqueles que se entusiasmam com a doutrina das Finanças Corporativas é enorme. Não se pode permitir que a profissão do administrador financeiro fique por demais defasada, com relação ao estado da arte neste campo do conhecimento, ainda mais se considerarmos que, neste aspecto, muito ainda está por se construir.

Conclusão

A formação dos preços, que é a razão de ser dos mercados financeiros, apenas é possível em face de agentes econômicos dotados de informações que lhes permitam estabelecer os critérios metodológicos de avaliação.

Verificamos que o *mainstream* do pensamento de Finanças Corporativas está baseado na Hipótese dos Mercados Eficientes, e esta, por sua vez, foi construída sobre um conjunto de premissas e simplificações da realidade que atualmente começa a cobrar um tributo para a sustentação desse paradigma.

As profundas transformações geradas pela globalização financeira, a partir da década de 1980, alteraram os paradigmas tradicionais de gestão, e ampliaram a magnitude dos riscos e desequilíbrios que passaram a acometer os mercados financeiros globais. Para dar conta dessas mudanças, os atuais gestores de fundos e carteiras de ativos devem buscar respostas no arcabouço teórico e conceitual das Finanças Corporativas.

O problema reside no fato de que as metodologias tradicionais de avaliação de ativos, sejam empresas ou derivativos, estavam apoiadas em suposições tais como a de que o comportamento dos preços poderia ser descrito por uma curva de Gauss, implicando que a volatilidade desses preços seria, de certa forma, constante. Esta premissa sustenta o Modelo CAPM, que, por sua vez, é um dos principais pilares das metodologias de avaliação empregadas atualmente.

Neste trabalho pudemos verificar que os fundamentos desse modelo, bem como as suas suposições, não possuem muita aderência com a realidade. Tais evidências devem servir como um alerta para o meio acadêmico, no sentido de que devem ser urgentemente revistos os conceitos e doutrinas que hoje são oferecidos nos cursos de graduação e pós-graduação em Administração e Economia, sob pena de se criar um *gap* de conhecimento em toda uma geração de profissionais que assumirá postos no mercado de trabalho.

Referências bibliográficas

ASSAF NETO, Alexandre. *Mercado financeiro*. 3ª ed. São Paulo: Atlas, 2000.

BERNSTEIN, Peter L. *Desafio aos deuses*: a fascinante história do risco. [Trad. Ivo Korytowski]. Rio de Janeiro: Campus, 1997.

BRIGHAM, Eugene F. et alii. *Administração financeira*: teoria e prática. [Trad. Alexandre Loureiro; José Nicolas Albuja Salazar]. São Paulo: Atlas, 2001.

DAMODARAN, Aswat. *Avaliação de investimentos*: ferramentas e técnicas para a determinação do valor de qualquer ativo. [Trad. Bazan Tecnologia e Linguística]. Rio de Janeiro: Qualitymark Ed.,1997.

FAMA, Eygene F.; MILLER, Merton H. *The theory of finance*. Hinsdale, Illinois: Dryden Press, 1972.

FLEURIET, Michel. *A arte e a ciência das finanças*: uma introdução ao mercado financeiro. [Trad. Maria José Cyhlar Monteiro]. Rio de Janeiro: Elsevier, 2004.

GERMAIN, Laurent. "Eficiência de mercado: um espelho para as informações". In: *Dominando finanças*. [Série *Financial Times & Wharton School*]. [Trad. Katia Roque]. São Paulo: Makron Books, 2001.

MANDELBROT, Benoit B.; HUDSON, Richard. *Mercados financeiros fora de controle*: a teoria dos fractais explicando o comportamento dos mercados. [Trad. Afonso Celso da Cunha Serra]. Rio de Janeiro: Elsevier, 2004.

MESCOLIN, Alexandre et alii. "Market timing no Brasil: análise de resultados antes e depois do Plano Real". In: COSTA JR., Newton Carneiro Affonso da; LEAL, Ricardo Pereira Câmara; LEMGRUBER, Eduardo Facó (org.). *Mercado de capitais*: análise empírica no Brasil. São Paulo: Atlas, 2000. [Coleção COPPEAD de Administração da Universidade Federal do Rio de Janeiro (UFRJ)].

PAULOS, John Allen. *A lógica do mercado de ações*: uma análise prática do funcionamento das bolsas de valores. [Trad. Afonso Celso da Cunha Serra]. Rio de Janeiro: Elsevier, 2004.

PINHEIRO, Juliano Lima. *Mercado de capitais*: fundamentos e técnicas. São Paulo: Atlas, 2001.

PÓVOA, Alexandre. *Valuation*. Como precificar ações. São Paulo: Globo, 2004.

SECURATO, José Roberto. *Decisões financeiras em condições de risco*. São Paulo: Atlas, 1996.

CAPÍTULO 2

O declínio da hipótese de eficiência nos mercados financeiros e a emergência da hipótese fractal como novo paradigma descritivo do comportamento das séries temporais de retornos

Carlos José Guimarães Cova

Introdução

O presente trabalho pretende discorrer acerca da lacuna conceitual deixada pelas tradicionais hipóteses de avaliação de risco e retorno, que fundamentaram o *mainstream* do pensamento econômico da Economia Financeira nos últimos 50 anos, mas que, entrementes, colheram sucessivos fracassos nas suas tentativas de previsão do futuro.

Em que pese o fato dessa predominância de certa convergência de pensamento no campo teórico daquilo que se denominou a Moderna Teoria das Carteiras, as evidências empíricas manifestadas pelo comportamento das séries históricas de preços e de retornos, coligidas em múltiplos mercados e em distintas escalas de tempo, teimaram em frustrar recorrentemente as predições dos *constructos* modelados nesse corpo teórico e conceitual. Esses eventos empíricos que causavam desconforto aos teóricos da Economia Financeira ficaram conhecidos por Anomalias do Mercado, conforme verificamos em Damodaran (1997, p. 216).

É possível assinalar uma série de aspectos que fragilizam as hipóteses que fundamentam esse corpo teórico. Peters (1991, p. 4) registra que, em primeiro lugar, deve ser questionada a ideia de equilíbrio. Esse pressuposto assume que, na ausência de influências exógenas, o sistema deve permanecer em equilíbrio. Seria o caso do suposto equilíbrio entre a oferta e a demanda. Se fatores externos perturbarem o equilíbrio, o sistema se afasta dele, mas assim que cessam essas influências, reverte para uma nova condição de equilíbrio.

Um segundo problema a ser enfrentado pela visão de mundo da econometria diz respeito ao tratamento do tempo. O tempo é ignorado, ou ao menos é tratado como uma variável qualquer. O mercado e a economia não possuem memória, ou possuem apenas limitada memória com relação ao passado. Se supusermos que dez anos transcorreram em um ambiente de mercado, então as variáveis que podem afetar as taxas de juros podem ser identificadas por seus valores correntes e assim também poderia ser obtido o valor corrente das taxas de juros. Nessa visão, a combinação de eventos que podem ocorrer durante esse intervalo de tempo é irrelevante.

Peters conclui lembrando que os modelos em geral não expressam os aspectos qualitativos presentes nos processos de tomada de decisão humanos. Os agentes são influenciados pelos acontecimentos. Suas expectativas acerca do futuro são moldadas pelas experiências recentes. Por fim, ele registra que os denominados "efeitos de *feedback*", ou seja, a influência do passado sobre o presente e do presente sobre o futuro, é uma questão largamente ignorada pela teoria dos Mercados Financeiros.

Nesse sentido, Soros (2008, p. 24) nos oferece uma importante contribuição para a compreensão de parte da complexidade evidenciada pelo comportamento dos mercados. Soros tenta já há algumas décadas confrontar o *mainstream* do pensamento econômico, mas sua concepção acerca da dinâmica de funcionamento dos mercados encontra um forte preconceito no meio acadêmico. Não obstante, conforme procuramos demonstrar, suas explicações possuem uma coerência lógica que não desabona academicamente a construção idealizada. Soros inicia suas explanações com uma forte declaração, realizada no bojo dessa crise financeira que se manifesta no mercado desde o evento dos títulos *subprime*, em agosto de 2007, que se agudizaram ao longo de todo o ano de 2008: "Não podemos nos furtar à conclusão de que tanto as autoridades financeiras quanto os participantes do mercado têm ideias fundamentalmente erradas sobre o funcionamento dos mercados. Essas ideias se manifestam não apenas como incapacidade de entender o que está acontecendo; também são a causa dos excessos que estão na raiz do presente caos nos mercados financeiros".

Soros procura demonstrar que o sistema financeiro global foi construído com base em premissas falsas. Tal proposição é aparentemente chocante, conforme diz Soros, mas ela é inerente a todos os constructos humanos. Essa análise está fundamentada no fato de que a compreensão que o homem possui acerca do Universo é imperfeita, uma vez que ele é parte desse mesmo Universo que tenta compreender. Assim, segundo Soros, os agentes econômicos, devidamente municiados com seus conhecimentos imperfeitos, interagem com a realidade de duas formas: a partir de uma tentativa de compreender o mundo em que vivem, o que ele denomina função cognitiva; e por meio da tentativa de causar impacto no mundo, por ele denominada como função manipulativa. A ideia de que essas funções pudessem operar isoladamente atenderia perfeitamente os objetivos de um investigador da realidade, pois seus entendimentos acerca dela poderiam ser qualificados de conhecimento e suas ações poderiam ter o resultado que ele pretendesse.

A questão que se apresenta decorre do fato de que essas duas funções operam de forma simultânea e interferem uma na outra. Para que a função cognitiva possa gerar conhecimento, ela deve considerar os fenômenos sociais como entidades independentes, pois dessa forma esses fenômenos se qualificam em fatos aos quais as observações do observador podem corresponder. Analogamente, as decisões devem se basear no conhecimento para atingir os resultados pretendidos. Quando essas funções atuam de forma interdependente, o fenômeno deixa de se constituir exclusivamente de fatos e também passa a incorporar as intenções e expectativas sobre o futuro. O passado é passível de determinação, mas o futuro vai depender das expectativas dos atores envolvidos no contexto. Assim, esses agentes não são capazes de basear suas decisões no conhecimento, pois devem lidar com dados do presente e do passado e ainda com possibilidades que dizem respeito ao futuro. O impacto das intenções e das expectativas acerca do futuro nos fenômenos sociais cria uma relação de dupla via entre o pensamento dos agentes e a situação da qual eles participam. Esse fato acarreta um efeito deletério para ambos, pois introduz um elemento de incerteza no curso dos acontecimentos e impede que as percepções dos participantes possam ser qualificadas de conhecimento.

Soros designou essa interferência de dupla via como sendo o fenômeno da reflexividade. As situações reflexivas são caracterizadas pela ausência de correspondência entre as visões dos participantes acerca da realidade e o real estado da natureza. Tal consideração nos remete à reflexão acerca de nossas limitações de percepção e mesmo de compreensão de uma realidade complexa que nos envolve. Assim, a análise de comportamento de séries de retornos e de volatilidade desses retornos pode ser carregada desses vieses de percepção.

Corroborando essas considerações sobre o comportamento dos mercados, vemos em Taleb (2007, p. 25), ainda que de uma maneira menos formal, uma convergência de pensamento com as proposições de Soros. Esse autor designa por platonismo a tendência que os indivíduos possuem de acreditar que compreendem mais do que realmente compreendem. Isso não quer dizer que os modelos e construções, ou seja, os mapas intelectuais da realidade, estejam sempre errados. Eles estariam errados apenas em algumas aplicações específicas. O problema decorre do fato de que não se sabe de antemão onde esses mapas estariam errados, pois isso só seria conhecido após o erro se manifestar, agravado pelas graves consequências desses erros. Taleb designa esse evento como sendo uma dobra platônica, que representa a fronteira na qual a mente platônica entra em contato com a realidade confusa.

Taleb propõe que a mente humana é afetada por três problemas, quando entra em contato com a história: a ilusão da compreensão; a distorção retrospectiva; e a supervalorização da informação factual. A ilusão da compreensão é a tendência de os indivíduos acreditarem que compreendem um mundo que é mais complexo do que são capazes de perceber. A distorção retrospectiva decorre da percepção de que apenas é possível abordar determinado assunto após o mesmo ter ocorrido, o que faz com que a história pareça mais clara do que a realidade empírica. A supervalorização da informação factual ocorre porque os agentes que acumulam determinados conhecimentos tendem a incluí-los em categorias, distorcendo a visão do conjunto.

O problema diante dessas conjecturas é: a Hipótese dos Mercados Eficientes que atualmente sustenta boa parte da chamada Moderna Teoria Financeira possui validade empírica?

A suposição inicial que nos anima é de que não há confirmação empírica dessa hipótese, de forma que os modelos de precificação de ativos e de opções, bem como as principais ferramentas de gerenciamento de riscos de mercado, como o VaR (*Value at Risk*), que é um dos principais instrumentos para o atendimento dos requisitos de capital propostos no Acordo da Basileia II, podem estar originariamente equivocados.

Uma questão discutida pelos críticos da HME trata da vinculação entre o passeio aleatório do comportamento dos preços e a ideia de mercados eficientes. De acordo com esses pensadores, a função principal da HME consiste em justificar o emprego do cálculo de probabilidades para a análise do mercado de capitais. Eles lembram que, se os mercados manifestarem um comportamento de sistema dinâmico não linear, então o emprego da análise estatística padrão deverá conduzir a resultados equivocados, particularmente em face da hipótese de comportamento do tipo passeio aleatório.

Os partidários da HME estão convencidos de que os preços apenas se movem quando novas informações são recebidas e, por essa razão, não há como um *trader* antecipar os movimentos do mercado, ou seja, não há como jogar contra o mercado. Além disso, os mercados eficientes não só refletem as novas informações como também são mantidos pela crença de que os preços são justos. Dessa forma, as mudanças nos preços de hoje são causadas apenas pelas notícias inesperadas de hoje. As notícias de ontem não são importantes para a formação do preço de hoje, o que implica que o retorno de hoje não é relacionado com o retorno de ontem. Se os retornos são independentes, então eles se comportam como uma variável aleatória e seguem um passeio aleatório.

Ocorre que a eficiência do mercado não necessariamente implica a assunção de que os retornos seguem um passeio aleatório, porém, caso se considere que os retornos seguem um passeio aleatório, tem-se como consequência a eficiência do mercado. Como já estão profundamente arraigados os pressupostos de independência, a maioria dos testes da HME são testes da versão de passeio aleatório dos retornos. O pressuposto de independência dos retornos nos mercados de capitais toma emprestado em primeiro lugar a ideia de um passeio aleatório, para só depois admitir uma versão mais geral de modelos martingale com respeito a um processo estocástico, o que significa dizer que é possível admitir um amplo leque de possibilidades de variáveis aleatórias para explicar o comportamento dos retornos. Nesse sentido, múltiplas evidências empíricas frequentemente vêm contradizer essa teoria, o que enfraquece bastante a HME como componente ontológico da Teoria dos Mercados de Capitais.

O desenvolvimento da hipótese dos mercados eficientes

O trabalho seminal que empregou o método estatístico para analisar os retornos de ativos foi publicado por Louis Bachelier, em 1900, que o aplicou para ações e títulos. Sua grande contribuição foi ter reconhecido que um processo estocástico de Wiener é também um movimento browniano. O processo de Wiener constitui um caso particular de um processo estocástico de Markov (Galvão *et alii*, 2006, p. 473). Trata-se de um processo estocástico de tempo contínuo que possui três propriedades: a distribuição de probabilidade dos valores futuros do processo depende apenas do seu valor corrente; a distribuição de probabilidade de variação do processo ao longo de um intervalo de tempo é independente de qualquer outro intervalo de tempo; e variações no processo dentro de um intervalo de tempo seguem uma distribuição normal, com uma variância que aumenta linearmente com o intervalo de tempo. A tese de Bachelier foi revolucionária, mas bastante ignorada na época e acabou esquecida.

O corpo teórico que lançou as bases da Hipótese dos Mercados Eficientes foi desenvolvido por Cootner em seu clássico *The Random Character of Stock Market Prices*, publicado em 1964. É curioso registrar que os trabalhos de Markowitz, Tobin e Sharpe, que também foram publicados nessa época, não abordavam a ideia de mercados eficientes. Os trabalhos de Cootner lançaram as bases da formalização da Hipótese dos Mercados Eficientes (HME) realizada por Fama, na década de 1960. Nesta formalização, Fama estabeleceu que o mercado é um martingale, ou jogo justo, de forma que as informações não podem ser usadas para obter ganhos contra o mercado.

Em um trabalho de Fama e Miller (1972, p. 336), estes pesquisadores chegam a fazer uma apologia ao acolhimento da HME, afirmando que essa hipótese encontrava forte evidência empírica que sustentasse sua argumentação.

A sustentação de que os preços nos mercados seguem um passeio aleatório foi formalizada por Osborne, em 1964, em seu *paper* sobre o movimento browniano, que apresentou um processo no qual as mudanças nos preços de mercado podem ser equivalentes ao movimento de partículas em um fluido (o que é usualmente denominado por movimento browniano). Osborne estabeleceu um número de suposições e assinalou algumas conclusões acerca dessa questão. As duas primeiras suposições dizem respeito ao fato de que os movimentos de preços não são abruptos, o que permitiria dar a ideia de continuidade. A terceira suposição sugeria que os preços e os valores seriam correlacionados. A quarta suposição afirmava que, dentre dois ativos com distintos valores esperados de retornos, o que possuísse o maior valor esperado seria escolhido por um investidor. A quinta suposição afirmava que os vendedores não levavam vantagens sobre os compradores e vice-versa, de forma que ambos formam preços mutuamente vantajosos. Em outras palavras, em virtude de os investidores atuarem de forma racional, eles igualam preço e valor com base nas informações que dispõem em um dado instante do tempo. A sequência das mudanças de preços ocorre de forma independente, porque os preços incorporam as novas informações que vão surgindo. Uma vez que as mudanças de preços são independentes (seguem um passeio aleatório), é possível esperar que a distribuição dessas mudanças seja normalmente realizada, com média estável e variância finita. Esta conclusão seria uma consequência do Teorema Central do Limite, ou Lei dos Grandes Números, que estabelece que uma amostra de variáveis aleatórias independentes e identicamente distribuídas (IID) será normalmente distribuída se for suficientemente grande. A despeito de qualquer questionamento que seja feito à lógica assumida por Osborne, sua incursão no campo dos conceitos subjacentes à Teoria do Passeio Aleatório foi muito importante, pois ofereceu um vasto instrumental de modelos e ferramentas aos pesquisadores que adotam a análise estatística. É importante destacar uma curiosa afirmação de Markowitz (1952, p. 79) em relação ao Teorema Central do Limite, que dizia não ser possível que a Lei dos Grandes Números fosse aplicável para a seleção de um portfólio de títulos, pois os retornos entre esses títulos seriam intercorrelacionados.

Ao mesmo tempo em que aqueles autores faziam as considerações sobre a HME, Markowitz também lançava as bases daquela que ficou conhecida como a Moderna Teoria do Portfólio. A grande contribuição de Markowitz consistiu na análise da distribuição dos retornos em torno de um retorno médio, de tal forma que, por meio da variância desses retornos, ele estabeleceu uma medida objetiva de volatilidade, ou risco. Ao realizar essa correspondência, ele também demonstrava que seria possível reduzir o risco por meio da diversificação de um portfólio de ações, desde que as covariâncias entre os retornos dessas ações fossem convenientemente escolhidas.

Estes conceitos foram mais tarde estendidos por Sharpe, em 1964, por Lintner, em 1965, e também por Mossin, em 1966, que, quase ao mesmo tempo, desenvolveram o modelo que ficou conhecido como CAPM, acrônimo de *Capital Asset Pricing Model*, que combinava a HME com a modelagem matemática da Teoria do Portfólio, de Markowitz, em um contexto de racionalidade acerca do comportamento dos investidores. Em particular, eles assumiam que os investidores possuíam expectativas homogêneas de retornos, ou seja, que interpretavam as informações da mesma forma. Além disso, o CAPM pressupunha ausência de custos de transação de quaisquer espécies, como taxas e comissões. Tal suposição era tida como necessária, pois se pretendia separar o verdadeiro comportamento dos investidores de quaisquer constrangimentos impostos pela vida em sociedade. Os físicos também lançam mão desses argumentos quando se referem a um experimento com ausência de atrito. Adicionalmente, o CAPM supõe que os agentes podem tomar e emprestar recursos à taxa de juros livre de risco (que caracteriza o Ativo Livre de Risco), além do fato de que todos buscam a eficiência em termos de médias e variâncias, no sentido estabelecido por Markowitz. Uma vez que esses pressupostos sejam aceitos, o CAPM faz algumas conclusões significativas acerca do comportamento dos investidores. A mais significativa diz respeito ao fato de que o portfólio ótimo para qualquer investidor deveria ser construído a partir de uma combinação linear entre a Carteira de Mercado (que traduz uma composição ponderada de todos os ativos arriscados de tal forma a produzir a maior diversificação possível) e o Ativo Livre de Risco. O Lugar Geométrico dessa combinação linear é uma reta, cuja variável explicativa é uma medida de risco sistemático denominada por beta (β), enquanto a variável explicada é o Retorno a ser exigido de um dado ativo que possua aquele nível de risco. O risco sistemático beta também mede a sensibilidade do retorno de um ativo qualquer às variações no retorno da Carteira de Mercado. É sintomática a dependência deste arcabouço conceitual com relação à ideia de mercados eficientes e retornos normalmente ou log-normalmente distribuídos, em razão de assumir que as variâncias são finitas. A combinação dos trabalhos de Sharpe com a HME veio a ser generalizada pela designação de Moderna Teoria do Portfólio. Embora já naquela época alguns pensadores, como Mandelbrot, já alertassem acerca da não normalidade dos retornos, a comunidade de investidores aceitava cada vez mais a ideia de que variâncias e desvios-padrão poderiam ser medidas de risco confiáveis. As aplicações econométricas da HME deram consistência e elegância conceitual ao constructo erigido, que foi ganhando larga aceitação tanto no meio acadêmico quanto no mercado financeiro. Seus pressupostos eram cada vez menos questionados, sobretudo a partir dos trabalhos de Black e Scholes, em 1973, com seu modelo de precificação de opções e dos trabalhos de Ross, em 1976, que originaram a Teoria da Precificação por Arbitragem (APT – *Arbitrage Pricing Theory*). A APT consiste em uma modelagem mais generalizada do que o CAPM, que estabelece serem as mudanças de preços resultantes de variações inesperadas de múltiplos fatores.

Na sua forma atual, podemos dizer que a corrente majoritária da Teoria do Mercado de Capitais é baseada nos seguintes conceitos-chave:

(i) *Investidores Racionais* – os investidores são racionais em um sentido utilitário de média e variância. Assim, eles desejam ativos que ofereçam o maior retorno possível para um dado nível de risco, pois possuem aversão ao risco.
(ii) *Mercados Eficientes* – os preços refletem todas as informações públicas. As mudanças de preços não são autocorrelacionadas, exceto possivelmente por alguma dependência de curto prazo, a qual se dissipa rapidamente. O valor é determinado por consenso entre um grande número de analistas fundamentalistas.
(iii) *Passeio Aleatório* – em virtude dos dois conceitos anteriores, os preços seguem um passeio aleatório. Entrementes, a sua distribuição de probabilidade é aproximadamente normal ou log-normal. Por aproximadamente normal entenda-se que, no mínimo, a distribuição dos retornos possui uma média e uma variância finitas.

Peters (1991, p. 25) faz uma ressalva após essas considerações acerca da HME, lembrando que duas possibilidades foram largamente ignoradas pelos adeptos dessa corrente de pensamento: a possibilidade de que os preços dos títulos negociados nos mercados sejam autocorrelacionados e a possibilidade de que o modelo de investidor racional não seja realístico. Sobretudo neste último aspecto, existem várias evidências de que os agentes não se comportam de acordo com a racionalidade proposta no modelo. Essa visão de mundo relativa ao comportamento dos mercados está fortemente baseada em um comportamento linear da sociedade. Não obstante, tanto as pessoas quanto a natureza em geral comportam-se de forma não linear.

As falhas do paradigma linear

Mesmo antes de a Hipótese dos Mercados Eficientes ficar mais amplamente consolidada, algumas exceções ao pressuposto da normalidade já estavam sendo verificadas. Nesse sentido, ainda em 1964, Osborne constatou uma anomalia quando tentava plotar um gráfico da função densidade de probabilidade da distribuição dos retornos. Ele notou que a distribuição apresentava curtose mais elevada, ou seja, possuía uma cauda mais "gorda" do que uma distribuição normal, embora na ocasião não tivesse dado destaque para esse fato. Desde 1964, quando Cootner publicou seu trabalho, já era bastante constatada a existência de um comportamento de caudas "gordas" na distribuição de mudanças de preços, fato que ensejou um duradouro debate que se estendeu ao longo dos dez anos seguintes. Peters (1991, p. 27) assinala que Mandelbrot, também em 1964, sugeriu que a distribuição dos retornos poderia pertencer a uma família de distribuições Paretianas estáveis, que se caracterizam por possuírem variância indefinida ou infinita. Na época isso foi considerado um anátema, mas o futuro demonstrou que Mandelbrot estava mais perto do verdadeiro comportamento dos mercados.

À medida que os novos testes de normalidade foram se sucedendo, o paradigma dominante ia sofrendo novos abalos. Um ano após essa sugestão de Mandelbrot, Fama realizou um estudo sobre os retornos diários que assinalou um comportamento da distribuição de frequência negativamente assimétrico, ou seja, com frequência da moda superior à da mediana e a frequência desta última superior à da média. Adicionalmente, Fama constatou que as caudas da distribuição eram mais "gordas" do que deveriam ser, caso a distribuição fosse normal, bem como o "pico" em torno da média era mais alto do que o previsto. Confirmando esta evidência, também Sharpe em seu livro-texto editado em 1970, *Portfolio Theory and Capital Markets,* quando comparava os retornos anuais com a curva normal, verificou que valores extremos ocorriam em uma frequência maior do que poderia se verificar em uma distribuição normal. Mais recentemente, Turner e Weigel *apud* Peters (1994, p. 27) realizaram um extenso estudo sobre o comportamento da volatilidade dos retornos diários do índice S&P, no período compreendido entre 1928 e 1990, constatando resultados similares aos encontrados por Fama e Sharpe.

Esses estudos ofereceram amplas evidências no sentido de que os retornos de títulos nos mercados de capitais não são normalmente distribuídos. Não obstante, se os retornos não forem normalmente distribuídos, então boa parte da análise estatística, em especial aquela que se vale de coeficientes de correlação, fica bastante comprometida e pode levar a alguns resultados equivocados. Ademais, em virtude dessas circunstâncias, a ideia de que ocorre um passeio aleatório nos preços das ações também fica enfraquecida.

Ocorre que a HME era necessária para justificar o fato de que as mudanças de preços seguem um passeio aleatório, pois esta suposição não se sustenta sem aquela hipótese, embora este relacionamento não seja reversível. Na realidade, a suposição de passeio aleatório era necessária para que se pudesse empregar com eficácia o ferramental estatístico para analisar as mudanças nas séries temporais de preços. Por sua vez, se houvesse o desejo de que a Teoria do Portfólio tivesse aplicação no mundo real, então seria preciso lançar mão do instrumental estatístico. Talvez essa tenha sido a principal justificativa para o fato de que as evidências de não normalidade tenham sido largamente ignoradas nessa fase áurea da HME. Sem a suposição de normalidade, um vasto corpo de teoria e experimentação empírica seria questionado, ao mesmo tempo em que a noção tradicional do *trade-off* (risco-retorno) não seria necessariamente aplicável.

Ignorar as evidências em um ambiente de pesquisa séria não é uma questão de opinião apenas. É uma impossibilidade, cuja insistência remete seus defensores mais para o fanatismo irrefletido do dogma do que para o panteão da ciência. O fato é que a doutrina passou a assinalar as situações nas quais o comportamento dos mercados se afastava da situação de *fair game*. Tais situações foram designadas pelo epíteto de "anomalia de mercado" e passaram a ser conhecidas por designações mais prosaicas, tais como "efeito janeiro" ou "efeito das pequenas firmas" ou ainda, "efeito baixo P/L". À medida que o volume e a extensão dessas anomalias iam surgindo como resultado de novos experimentos empíricos, aumentava o número de sugestões no sentido de que o paradigma predominante requeria alguns ajustes, que levassem essas anomalias em consideração.

Não obstante, talvez a questão principal a ser considerada tivesse relação com a maneira pela qual as pessoas tomam decisões, pois a HME é fortemente dependente da suposição da atuação de investidores racionais. Essa racionalidade poderia ser definida como sendo a capacidade com que os agentes avaliariam os títulos com base em todas as informações disponíveis, de tal forma que os preços refletiriam este acordo entre os agentes por intermédio dos mercados. Em particular os investidores teriam aversão ao risco. Nesse sentido, poderíamos questionar: seriam as pessoas racionais, com base nessa definição, em termos agregados? Ou ainda: quando os agentes se veem diante de situações de ganhos ou perdas, suas reações se alteram?

A resposta para essas duas indagações começou a ser dada a partir dos trabalhos de Tversky e Kahneman. Em particular, Kahneman (2003) assinalou que, quando os agentes se encontravam em situações nas quais havia a possibilidade de ocorrer uma perda certa ou uma perda provável, mas de mesmo valor esperado que a anterior, eles se tornavam mais propensos ao risco, escolhendo a alternativa que envolvia probabilidade. Além disso, entre um ganho certo e outro provável, embora de mesmo valor esperado que o anterior, os agentes preferem o ganho certo. Ambos os resultados contradizem a ideia de racionalidade da teoria majoritária. Ademais, Kahneman também investigou como os agentes tomam decisões sob condições de incerteza. A Hipótese de Racionalidade afirma que as crenças e probabilidades subjetivas dos agentes são acuradas e não tendenciosas. Não obstante, as pessoas têm uma tendência muito comum de realizar predições com excesso de confiança. Uma solicitação de esforço cerebral impõe uma tomada de decisão com a maior precisão possível, ainda que o cérebro não tenha recebido informação suficiente. Dessa forma, um decisor ao considerar um determinado cenário futuro como sendo o mais provável, dadas as probabilidades subjetivas estimadas, pode agir com excesso de confiança e eventualmente até desprezar informações relevantes disponíveis que não se ajustem ao cenário escolhido. Esse comportamento se afasta da Hipótese de Racionalidade.

Peters (1991, p. 35), após analisar o extenso trabalho de Kahneman, passou a acreditar que os agentes necessitam de alguma confirmação empírica para proceder à tomada de decisão. Assim, os agentes não devem reagir a uma tendência até que ela esteja bem estabelecida. Os agentes estariam menos dispostos a alterar as suas previsões acerca do futuro, ao menos que eles recebessem suficientes informações que confirmassem que o ambiente de fato havia mudado. Esse comportamento é completamente diferente daquele previsto pela Hipótese de Racionalidade que sustenta o *mainstream* da Teoria Financeira. Essa constatação implica que os investidores não reagem às informações à medida que elas surgem, o que, por sua vez, implica que os mercados não são eficientes na forma sugerida por Fama, pois os preços não estão refletindo a cada momento as novas informações disponíveis. Muitas delas são momentaneamente ignoradas, mas a reação vem depois. Assim, se for confirmada a noção de que os investidores não reagem de forma linear em face das novas informações recebidas, a natureza do comportamento dos mercados financeiros pode ser bastante distinta daquela que a doutrina majoritária tem caracterizado. Existem alternativas para essa ambiguidade. O paradigma corrente do comportamento dos mercados está baseado na Hipótese de Eficiência e em um relacionamento linear de causa e efeito. Aos poucos começa a emergir um novo paradigma, no qual o mercado é tratado como uma entidade complexa, caracterizado por um comportamento de sistema interdependente. Embora essa complexidade ofereça vastas possibilidades de investigação e interpretação, suas respostas não surgem tão facilmente.

A Hipótese dos Mercados Fractais

Vimos que a Hipótese dos Mercados Eficientes (HME) é concebida de tal forma a demonstrar que o funcionamento dos mercados pode ser modelado a partir do instrumental estatístico. Não obstante, no caso específico da HME, a teoria foi desenvolvida após a imposição da estatística como ferramenta de modelagem. Essa inversão no desenvolvimento do arcabouço teórico da Moderna Teoria do Portfólio de certa forma enfraquece a sua consistência interna. Um aspecto importante que não é considerado na análise, conforme assinala Peters (1994, p. 20), é o fato de que essa teoria não faz distinção entre os especuladores de curto prazo e os investidores de longo prazo. A lógica de funcionamento dos mercados envolve uma expectativa simples por parte dos agentes, a despeito de seus respectivos horizontes de investimento. Os agentes esperam encontrar nos mercados suas respectivas contrapartes nas operações de compra e venda, ou, dito de outra forma, eles esperam liquidez. Os agentes requerem liquidez dos mercados, que, para ser materializada de forma conveniente, pressupõe as seguintes condições:

1ª os preços praticados pelos agentes são aqueles que o mercado considera justo (*fair value*);
2ª os investidores com diferentes horizontes de investimentos podem negociar eficientemente uns com os outros;
3ª não há pânico entre os agentes, o que normalmente ocorre quando a oferta e a demanda ficam desbalanceadas.

Não se deve confundir liquidez com volume de negociações. Muitas quebras de mercados ocorreram em contextos nos quais havia pouca liquidez e elevado volume de negociação. O problema reside na falta de balanceamento entre a oferta e a demanda. Um mercado líquido está estável. Ocorre que a HME nada diz acerca da liquidez. Ela supõe, portanto, que os preços sempre são justos, mas não afirma a situação da liquidez. Tal omissão pode ser interpretada como uma implicação adicional: se todos os preços são justos, então sempre há liquidez!

Dessa forma, a HME não é capaz de explicar os pânicos e as quebras, pois, quando a liquidez desaparece, buscar o preço justo pode não ser mais tão importante quanto fechar a negociação a qualquer custo. Assim, é possível inferir que um mercado estável não é equivalente a um mercado eficiente. Se o mercado é líquido, então o preço pode ser considerado justo. O problema reside no fato de que os mercados nem sempre são líquidos e, quando a falta de liquidez se manifesta, os agentes participantes ficam dispostos a aceitar o preço que eles puderem, justo ou não.

Ademais, é preciso considerar que se todas as informações causassem o mesmo impacto nos investidores, não haveria liquidez, pois eles tenderiam a executar as mesmas ordens de negociação e não haveria o agente na contraparte para que a operação pudesse se efetivar. Não obstante, os investidores não se comportam de forma homogênea. Alguns agentes desejam negociar e auferir lucros diariamente. Outros preferem negociar com a expectativa de realizarem lucros apenas após alguns anos. Existem os agentes que operam muito alavancados e os que atuam bastante capitalizados. Em razão dessas particularidades, o impacto de uma mesma informação vai depender do horizonte de investimento dos investidores. Tal combinação é que viabiliza a liquidez nos mercados.

Os investidores que negociam nos mercados simultaneamente possuem diferentes horizontes de investimentos. Podemos dizer então que as informações relevantes para cada investidor serão distintas, conforme forem se apresentando os diferentes períodos de manutenção dos investimentos de cada um deles. Como consequência, é possível inferir que a fonte da liquidez nos mercados são os investidores com os seus distintos horizontes de investimentos, com seus múltiplos conjuntos de informações relevantes e, consequentemente, com suas distintas visões acerca do que venha a ser o *fair value* de um ativo.

Em geral, os investidores de curto prazo seguem a análise técnica, que procura compreender o comportamento do mercado a partir da visão dos gráficos de acompanhamento das cotações. Os investidores de longo prazo e os gestores de portfólio por sua vez empregam mais a análise fundamentalista, embora eles também usem a análise técnica no processo das suas negociações. As decisões de compra e venda, em circunstâncias normais, dependem de informações sobre os fundamentos acerca dos ativos negociados nos mercados.

A Hipótese dos Mercados Fractais, de acordo com Peters (1994, p. 44), enfatiza o impacto da liquidez e do horizonte dos investimentos no comportamento dos investidores. Para construir uma hipótese mais geral possível, Peters não coloca requisitos estatísticos na sua análise inicial. O propósito da Hipótese dos Mercados Fractais consiste em apresentar um modelo de comportamento dos investidores e de movimentos de preços nos mercados que sejam compatíveis com as observações empíricas.

A argumentação de Peters se inicia com a ideia de que os mercados existem para prover um ambiente de estabilidade e liquidez que favoreça as negociações dos agentes. Adicionalmente, nos mercados os investidores desejam obter um bom preço para seus ativos, que não seria necessariamente um "*fair price*" no sentido econômico. Em geral, negociações em períodos curtos, como as operações *intraday*, não operam em preços justos.

Vamos analisar o comportamento dos investidores que operam nos mercados a partir de seus horizontes de tempo e de suas estruturas de volatilidade baseadas em desvios-padrão de retornos. Isto é necessário para que possamos explicar a Hipótese dos Mercados Fractais mesmo que os agentes operem de acordo com princípios de análise técnica ou fundamentalista. Um investidor de curto prazo possui uma estrutura de volatilidade tal que o desvio-padrão de seus retornos diários seja menor do que o desvio-padrão de retorno de um investidor com horizonte de tempo mensal, por exemplo. É possível converter desvios-padrão de períodos distintos por meio da multiplicação pela raiz quadrada do tempo. Assim, o desvio-padrão mensal pode ser anualizado, desde que ele seja multiplicado pela raiz quadrada de doze (número de meses do ano). Isso posto, podemos concluir que um evento extremo (além do terceiro desvio-padrão em torno da média) para um investidor de curto prazo pode ser algo normal para um investidor de prazo mais longo. Dessa forma, as decisões em virtude de um mesmo conjunto informacional serão distintas conforme o horizonte de tempo dos agentes. Quando ocorre um evento extremo para um *trader* de curto prazo, ele deve desencadear uma determinada ação com base em suas estratégias. Para que sua operação possa ser efetuada, é preciso que exista um agente que não paute suas decisões da mesma forma que ele opera. Para um investidor de horizonte de tempo mais longo, o mesmo evento extremo do *trader* anterior seria um fato comum, de sorte que sua resposta seria distinta e ele até poderia funcionar como contraparte na operação. Essa circunstância concorre para estabilizar o mercado.

A questão-chave para viabilizar a estabilização do mercado seria o fato de todos os investidores ou agentes em operação estarem compartilhando os mesmos níveis de risco, de tal forma que os ajustes necessários para conciliar os interesses seriam feitos a partir da escala do horizonte de investimento. Esta é a caracterização da Hipótese dos Mercados Fractais para os mercados financeiros. De acordo com os horizontes de tempo do investidor, as suas estruturas de volatilidade seriam explicadas por valores de desvio-padrão de retornos, que guardariam entre si a autossimilaridade da modelagem estatística comum a todas elas.

Peters (1990, p. 46) explica que um fractal é uma entidade na qual as partes se relacionam com o todo, de tal forma que se trata de uma estrutura autorreferenciada ou autossimilar. Uma espécie de estrutura fractal mais facilmente percebida na natureza é a árvore. Os ramos das árvores guardam uma similaridade com a árvore como um todo. É possível encontrar fractais em outros aspectos do universo. Uma superfície fractal mostra autossimilaridade com respeito ao espaço. Uma série temporal fractal possui autossimilaridade com respeito ao tempo. No caso de séries temporais, uma evidência de comportamento fractal consiste na autossimilaridade qualitativa, ou seja, em diferentes escalas de tempo, a série possui características estatísticas similares. É preciso observar que uma estrutura fractal também possui uma característica singular, que é a coexistência de aleatoriedade local e determinismo global. Uma árvore pode ramificar aleatoriamente, mas os galhos que forem brotando são similares à árvore como um todo. Em geral, verificamos que muitos sistemas naturais evidenciam aleatoriedade local e determinismo global. O determinismo oferece uma lei natural. A aleatoriedade proporciona variedade e inovação. Ademais, possivelmente as estruturas fractais que são verificadas no ambiente físico do planeta, tais como a faixa costeira do litoral, as ramificações das árvores ou os ramos do sistema respiratório dos mamíferos, evidenciam esse comportamento em virtude de serem mais tolerantes a erros do que se fossem estruturas simétricas. Por exemplo, podemos constatar isso nos pulmões dos mamíferos. O ramo principal, a traqueia, divide-se em dois ramos secundários, que por sua vez continuam a ramificar. Em cada nova ramificação, a média dos diâmetros dos tubos vai decrescendo de acordo com uma lei de potência. Porém, o diâmetro de um tubo isolado apenas pode ser descrito em termos probabilísticos. Mais uma vez ocorre um determinismo global (a média dos diâmetros) com aleatoriedade local (o diâmetro de um ramo isolado). Um outro aspecto importante é o fato de que a estrutura fractal é autocorrelacionada.

Estes conceitos podem ser transportados de uma estrutura estática (como um pulmão) para uma estrutura dinâmica (mercados financeiros). Podemos associar os diâmetros dos ramos do pulmão com os horizontes de investimentos dos agentes nos mercados financeiros. Os diferentes horizontes dos agentes podem ser ordenados no tempo. Assim, a dinâmica dos mercados pode ser feita de forma intuitiva. Os mercados podem ser localmente aleatórios, mas possuem uma estrutura estatística global não randômica.

Uma das características dos objetos fractais é o fato de que possuem uma característica dimensional peculiar, que são capazes de manter quando são incorporados em uma dimensão maior. Trata-se da chamada dimensão fractal, determinada a partir do modo com que um objeto preenche o espaço. Uma linha costeira dos oceanos é um bom exemplo para expressar o sentido da dimensão fractal. Se medirmos a costa empregando uma régua de 100 metros de comprimento, obteremos uma medida. Caso a medição seja realizada com uma régua de 5 metros, devemos encontrar outro valor, porque seriam capturadas as pequenas reentrâncias da linha de costa. Quanto menor for o instrumento de medição, maior será a captura dos detalhes do recorte da costa. Assim, com base nesta constatação, não seria razoável empregar apenas a dimensão do comprimento para comparar linhas de costa. Mandelbrot (1967) sugeriu o emprego da dimensão fractal para realizar essa tarefa. A dimensão fractal teria um valor superior a um, que é a dimensão do comprimento, contudo essa dimensão seria inferior a dois, que é a dimensão do plano. De acordo com o grau de irregularidades da linha de costa ou, conforme a observação de Mandelbrot, dependendo se a linha de costa se apresentar mais ou menos denticulada, maior será o valor entre um e dois da dimensão fractal. Em um trabalho mais recente de Mandelbrot (2004, p. 123), ele explica que, de acordo com a definição de dimensão fractal, o litoral da Inglaterra tem uma dimensão fractal de aproximadamente 1,25, enquanto o litoral australiano, menos recortado do que o litoral inglês, tem uma dimensão fractal de 1,13.

A dimensão fractal, de acordo com Peters (1994, p. 16), caracteriza-se pela maneira com que um determinado objeto preenche o espaço. Adicionalmente, ela explica a mudança de escala dos objetos, ou seja, estabelece uma lei de potência que altera a escala dos mesmos. Para a física ou a geometria fractal, essa lei de potência ocupa lugar no espaço. Em uma série temporal fractal a lei de potência se refere a algum aspecto estatístico da mesma. Para calcular a dimensão fractal, empregamos uma forma de medir a propriedade ou o grau com que uma dimensão se apresenta denticulada. Suponhamos que a largura de cada dente que se forma na superfície corresponde ao diâmetro de um círculo. Quanto menor for esse dente, menor será o diâmetro do círculo. Agora vamos supor que ao longo de toda a superfície são dispostos círculos lado a lado, de tal forma a cobrir toda a sua extensão. É possível verificar que o número de círculos mantém uma relação exponencial com o raio do círculo (e, consequentemente, com o dente que gerou seu diâmetro). O número de círculos obedece à seguinte relação:

$$N.(2.r)^D = 1 \quad \text{(i)}$$

onde N = número de círculos
r = raio do círculo
D = dimensão fractal

A equação pode ser transformada com o emprego de logaritmos, de tal forma a deixar explícita a dimensão fractal:

$$D = \log (N) / \log (1/2.r) \quad (ii)$$

Para uma série temporal, esta propriedade é igualmente válida. Suponhamos que uma série temporal evidencia um comportamento constante no tempo, tal qual uma linha reta. Neste caso, a sua dimensão fractal é 1, tal qual a dimensão euclidiana de uma reta. Por sua vez, um comportamento de passeio aleatório evidenciado por uma variável em uma série temporal tem dimensão fractal de 1,5. Isto se verifica porque cada passo seguinte da série possui uma probabilidade de 50% de ocorrência. Se a dimensão fractal estiver entre 1 e 1,5, a série temporal terá um comportamento intermediário entre uma constante e um passeio aleatório.

Peters (1991, p. 59) nos oferece um exemplo de como a dimensão fractal pode auxiliar na análise de séries temporais envolvendo retornos de ativos. A Tabela 1 a seguir apresenta duas séries temporais de retornos, designadas por S1 e S2:

Tabela 1: Análise comparativa de dimensão fractal e desvio-padrão em série temporal

Observações	S1	S2
1ª	+2	+1
2ª	-1	+2
3ª	-2	+3
4ª	+2	+4
5ª	-1	+5
6ª	+2	+6
Retornos cumulativos	+1,93	+22,83
Desvio-padrão dos retornos	1,70	1,71
Dimensão Fractal	1,42	1,13

Fonte: Adaptado de Peters (1991) pelo autor.

Conforme podemos observar, S1 não possui tendência na sua evolução, enquanto S2 é claramente tendenciosa e não é normalmente distribuída. Verificamos que S1 possui um retorno cumulativo no valor de 1,93% ao passo que S2 tem um retorno cumulativo no valor de 22,83%. Não obstante, os desvios-padrão das séries de retornos são praticamente equivalentes, embora as características dos retornos sejam completamente diferentes. Alguns puristas podem alegar que ambas as séries não são normalmente distribuídas, de tal forma a tornar essa comparação inválida. Porém, esse seria exatamente o ponto fundamental. Uma vez que essas séries de retornos não são normalmente distribuídas, o emprego do desvio-padrão como instrumento de medida relativa de risco seria tão apropriado quanto usar um determinado comprimento fixo para medir a linha de costa do litoral. Por sua vez, quando observamos a dimensão fractal de ambas as séries, verificamos que a que possui um comportamento denticulado mais acentuado tem também uma maior dimensão fractal do que a outra, no caso 1,42 contra 1,13. Essa dimensão fractal é a forma de estabelecer uma diferenciação entre as séries de retornos em termos qualitativos.

Uma ferramenta bastante útil para testar a existência de uma dependência duradoura em uma série de dados é a *rescaled range analysis*, ou R/S. Mandelbrot (1975) discorre sobre essa ferramenta, destacando a importância dos trabalhos do engenheiro britânico Harold Edwin Hurst, que estudou as sérias históricas relativas às cheias do Rio Nilo, no Egito, no início do século passado, com a finalidade de orientar a construção de reservatórios que garantissem uma estabilidade no fornecimento da água. Uma das coisas que Hurst verificou na ocasião era o fato de que as cheias do rio não obedeciam a um padrão aleatório tal como a distribuição normal. Foi Hurst quem percebeu que vários fenômenos naturais, tais como as cheias dos rios e as temperaturas, seguem um padrão aleatório com viés, ou seja, a dependência dos eventos anteriores.

Uma das vantagens da *rescaled range analysis* é o fato de que, ao contrário de muitos testes estatísticos comuns, ela não faz qualquer suposição acerca de como os dados originais estão organizados. A ferramenta R/S mede se, ao longo de diversos períodos de tempo, o valor pelo qual os dados variam entre máximo e mínimo é maior do que se esperaria, caso prevalecesse a hipótese de independência entre os dados. Caso os dados se comportem de forma distinta dessa suposição inicial, então a sequência com que eles aparecem passa a ser um elemento importante para compreender o seu comportamento. No caso de Hurst, ele percebeu que eram comuns casos em que havia uma sucessão de cheias seguidas nos rios, eventualmente seguidas por uma sucessão de estiagens, que violava qualquer expectativa anterior de aleatoriedade nesse comportamento. No caso dos mercados financeiros, caso se observasse uma sucessão de ganhos seguidos ou de perdas seguidas, deveria haver, ao contrário da suposição de passeio aleatório, uma dependência entre os dados. Tal ferramenta permite então distinguir uma série temporal aleatória de uma série temporal fractal. A ferramenta da *rescaled range analysis* é definida pela amplitude da série dividida pelo desvio-padrão da mesma (R/S). Para compreender o significado dos termos que compõem a *rescaled range analysis*, consideremos alguns aspectos de definição. O primeiro deles é a noção de desvio cumulativo de uma série temporal t sobre n períodos. Vamos supor uma série de retornos históricos de ações, com n observações. Temos que:

$$X_{t,n} = \sum_{i=1}^{n} (r_j - r_n) \quad (iii)$$

onde $X_{t,n}$ = desvio cumulativo em n períodos
r_j = retorno da j-ésima observação
r_n = retorno esperado (média dos retornos)

Define-se amplitude R (*range*) como sendo a diferença entre os níveis mínimo e máximo atingidos em (iii):

$$R = \text{Max}(X_{t,n}) - \text{Min}(X_{t,n}) \quad (iv)$$

onde R = amplitude de X
Max (X) = valor máximo de X
Min (X) = valor mínimo de X

Por exemplo, para uma série temporal de 100 dias, tome-se cada retorno diário e subtraia-se do retorno médio neste período, mantendo-se o total móvel de todas essas diferenças diárias até completar os 100 dias. A amplitude será a maior dessas diferenças subtraída da menor delas. Para uma série de dados independentes, esse resultado da amplitude deveria ser equivalente à metade do valor do desvio-padrão da série temporal. Por essa razão, se o valor do quociente R/S fosse igual a 0,5, a série de retornos teria valores independentes entre si e poderia obedecer a um padrão de distribuição normal.

Para comparar diferentes tipos de séries temporais, Hurst estabeleceu a relação *rescaled range*, que consiste no quociente entre a amplitude definida em (iii) e o desvio-padrão da série temporal. Hurst formulou ainda a seguinte relação:

$$R/S = (a.N)^H \quad (v)$$

onde R/S = rescaled range (amplitude)
a = constante
N = número de observações
H = expoente de Hurst

Com base nesta equação é possível caracterizar a tipologia da série temporal a partir dos valores do expoente de Hurst. Para valor de H igual a 0,5, a série possui comportamento do tipo *randon walk*. Isso significa que a amplitude dos desvios cumulativos deve crescer de acordo com a raiz quadrada do tempo. É importante destacar que a série de desvios cumulativos terá sempre média zero, ou seja, o somatório em cada instante de todos os elementos que compõem a série será zero, pois os dados foram normalizados quando se subtraiu de cada componente dessa série de desvios o valor da média. Porém, os valores isolados dessa série de desvios cumulativos serão da seguinte forma: os valores máximos – Max $(X_{t,n})$ – serão sempre maiores ou iguais a zero, enquanto os valores mínimos – Min $(X_{t,n})$ – serão sempre menores ou iguais a zero. Consequentemente, a amplitude ajustada será sempre não negativa.

Para os casos em que H for diferente de 0,5, as observações não serão independentes. Isso significa que cada observação carrega uma "memória" dos eventos que a precederam. Ela não seria uma memória de curto prazo, do tipo markoviano, na qual os estados anteriores são irrelevantes para a predição dos estados seguintes, desde que o estado atual seja conhecido. Trata-se de uma memória de longo prazo que, em princípio, deve durar para sempre. Os eventos mais recentes devem ter um maior impacto do que os eventos mais antigos, porém estes últimos possuem influência residual. Peters (1991, p. 64) registra que um dado sistema que porventura exiba a estatística modelada por Hurst deve ser o resultado de uma longa corrente de eventos interconectados. O que acontece hoje influencia o futuro. Onde estamos agora é resultado de onde estávamos no passado.

Ainda Peters realiza uma interpretação do expoente de Hurst no que diz respeito à aleatoriedade e persistência. De acordo com o que foi apresentado, um H de valor igual a 0,5 implica um processo independente. O autor destaca que para realizar a análise R/S não é necessário que o processo subjacente seja gaussiano, mas sim que seja independente. É verdade que poderia incluir uma distribuição normal, mas também poderiam ser outros processos não gaussianos, tais como a distribuição t-student ou a distribuição gamma. Como a *rescaled range analysis* é não paramétrica, não há a necessidade de um requisito formal de distribuição de probabilidade subjacente para que ele possa ser operado.

Assim, Peters passa a analisar os valores específicos que o coeficiente de Hurst pode assumir. Se $0,5 \leq H \leq 1,0$ implica que se trata de uma série temporal persistente, ou seja, caracteriza-se por possui uma memória de longo prazo. Dessa forma, o que ocorre hoje impacta o futuro. Em termos de dinâmica caótica, há uma sensibilidade ou dependência às condições iniciais. Essa memória de longo prazo ocorre de forma independente de alguma escala de tempo, ou seja, os eventos diários são correlacionados com os eventos diários futuros, assim como são os eventos semanais, de forma que a característica fundamental dessa dinâmica é o fato de obedecer ao comportamento de uma série temporal fractal. Esta série é denominada persistente ou tendencial. Se a série evidenciou aumentos no último período, então há grande chance de que a mesma prossiga nessa tendência de alta. Nesse caso específico, a probabilidade de que um movimento em um dado sentido se repita é maior do que 50%. Analogamente ocorrerá o mesmo comportamento no caso de tendência de queda. A tendência é visível. A força deste comportamento de persistência aumenta à medida que H se aproxima de 1. Uma série persistente é um passeio aleatório com viés.

Por sua vez, se $0 \leq H \leq 0,5$ implica comportamento denominado antipersistente ou de reversão à média. Neste caso, se houve um movimento de alta no período imediatamente anterior, então a chance de que no período atual ocorra uma baixa é grande. A probabilidade de que um movimento de baixa seja seguido de um movimento de alta é maior do que 50%. A força do comportamento antipersistente depende do quanto o valor de H está mais próximo de zero. A natureza fractal do coeficiente H reside no fato de que ele pode ser descrito em termos de um movimento browniano fracionário. Em um movimento browniano fracionário existe correlação entre eventos ao longo de escalas de tempo. Mandelbrot *apud* Peters (1991, p. 67) define a dimensão fractal como sendo o inverso do coeficiente de Hurst. Assim, a perspectiva fracionária da dimensão fractal fica mais evidenciada. Por exemplo, um movimento browniano é caracterizado por um coeficiente de Hurst igual a 0,5. Dessa forma, sua dimensão fractal é dois, ou seja, é bidimensional. Para casos em que o coeficiente de Hurst é maior do que 0,5 a dimensão fractal tem valor menor do que dois e maior do que um, caracterizando seu aspecto fracionário.

Uma boa técnica de estimação do coeficiente de Hurst de séries temporais pode ser empreendida por meio da aplicação de logaritmos em ambos os lados da equação (v), conforme descrevemos a seguir:

$$\log(R/S) = \log(a.N)^H$$

$$\log(R/S) = H.\log(N) + \log(a) \quad \text{(vi)}$$

Na equação (vi) o coeficiente de Hurst pode ser estimado por meio de uma regressão linear entre a *rescaled range* (amplitude) e a raiz quadrada do tempo. O coeficiente de Hurst estimado é o coeficiente angular da reta de regressão e mede a taxa com que a amplitude aumenta em relação ao quadrado do tempo. O movimento browniano possui declividade igual a 0,5. Por sua vez, as séries temporais fractais evidenciam declividade superior a 0,5.

Vários experimentos foram realizados para verificar a evidência de comportamento fractal em séries temporais de retornos obtidos a partir de preços de ativos. Foram empregados os retornos logarítmicos porque permitem a soma dos retornos cumulativos, ao contrário dos retornos em porcentagem. A Tabela 2 a seguir evidencia os resultados obtidos a partir de várias séries de retornos de distintos ativos nos mercados financeiros:

Tabela 2: Estimativa do coeficiente de Hurst para séries temporais de retornos logarítmicos

Série observada	Período de observação	Coeficiente de Hurst (H)
Retornos mensais do S&P 500	jan 1950 – jul 1988	0,78
Retornos mensais da Mobil oil	jan 1963 – dez 1989	0,72
Retornos mensais do MSCI Germany	60 meses	0,72
Retornos mensais do MSCI Japan	48 meses	0,68
Retornos mensais do MSCI UK	30 meses	0,68

Fonte: Adaptado de Peters (1991) pelo autor.

Como podemos verificar, há um comportamento de série temporal fractal em todos os casos analisados. Os retornos apresentam persistência no tempo. O coeficiente de Hurst mede o impacto das informações nas séries de retornos. Para valores de H superiores a 0,5, há a implicação no sentido de que os eventos de hoje impactam o futuro. A informação recebida hoje continua a ser descontada pelo mercado depois de ter sido assimilada. Não se trata de uma simples correlação serial, na qual o impacto de uma informação rapidamente decai. O que se verifica é uma memória longa, ou seja, a informação causa impacto no futuro por longos períodos e em várias escalas de tempo.

Conclusão

Vimos neste trabalho que a natureza dos Mercados Financeiros assume um comportamento fractal, conforme se pode observar do resultado de experimentos realizados a partir de séries temporais de retornos logarítmicos de vários ativos distintos e em múltiplos mercados. A natureza fractal dos mercados contradiz a validade da Hipótese dos Mercados Eficientes, bem como fragiliza todos os modelos quantitativos derivados dessa hipótese. Dentre esses modelos estão incluídos o *Capital Asset Pricing Model* (CAPM), o *Arbitrage Pricing Theory* (APT), o modelo Black & Scholes de precificação de opções, bem como todos os modelos que dependem de um comportamento explicado pela distribuição normal ou da existência de uma variância finita.

Referências bibliográficas

DAMODARAN, Aswat. *Avaliação de investimentos*: ferramentas e técnicas para a determinação do valor de qualquer ativo. [Trad. Bazan Tecnologia e Linguística]. Rio de Janeiro: Qualitymark Ed.,1997.

FAMA, Eygene F.; MILLER, Merton H. *The theory of finance*. Hinsdale, Illinois: Dryden Press, 1972.

GALVÃO, Alexandre et alii. *Mercado financeiro*: uma abordagem prática dos principais produtos e serviços. Rio de Janeiro: Elsevier, 2006.

KAHNEMAN, Daniel. "Maps of bounded rationality: psychology for behavioral economics". In: *The American Economic Review* (December 2003), p. 1449-1473.

MANDELBROT, Benoit B. "How long is the coast of britain? Statistical self-Similarity and fractional dimension." In: *Science*, 156, 1967.

MANDELBROT, Benoit B. *Limit theorems on the self-normalized range for weakly and strongly dependent processes*. Z. Wahrscheinlichkeitstheorie verw. Gebiete 31, 271-285 (1975)_9 by Springer-Verlag 1975.

MANDELBROT, Benoit B.; HUDSON, Richard. *Mercados financeiros fora de controle*: a teoria dos fractais explicando o comportamento dos mercados. [Trad. Afonso Celso da Cunha Serra]. Rio de Janeiro: Elsevier, 2004.

MARKOWITZ, Harry. "Portfolio selection". In: *The journal of finance*, Vol. 7, n. 1. (Mar., 1952), p. 77-91.

PETERS, Edgar E. *Chaos and order in the Capital Markets, a new view of cycles, prices, and market volatility*. New York: John Wiley & Sons, Inc., 1991.

_____. *Fractal market analysis: applying chaos theory to investment and economics*. New York: John Wiley & Sons, Inc., 1994.

SOROS, George. *O novo paradigma para os mercados financeiros*: a crise atual e o que ela significa. Rio de Janeiro: Agir, 2008.

TALEB, Nassin Nicholas. *A lógica do Cisne Negro*: o impacto do altamente improvável. Rio de Janeiro: Best Seller, 2008.

CAPÍTULO 3

A violação da hipótese dos mercados eficientes com o uso de indicador de análise técnica

Carlos José Guimarães Cova, Maurício Corrêa de Souza
e Guilherme Gonçalves Soares Neto

Introdução

Um dos temas nucleares da Moderna Teoria Financeira trata da questão relativa à eficiência dos mercados e seus efeitos sobre as decisões de investimentos. Nesse sentido, este trabalho vai apresentar algumas simulações de gestão ativa de portfólio, baseadas no emprego de Análise Técnica e no acompanhamento da carteira teórica, evoluindo conforme as séries históricas de retornos de ações no mercado de capitais brasileiro, com vistas a questionar a validade da Hipótese dos Mercados Eficientes.

O problema que este artigo procura solucionar consiste em responder a indagação: teria sido possível aplicar estratégias de investimento assentadas sobre os alicerces teóricos da Análise Técnica, no mercado de capitais brasileiro, entre os anos de 1998 e 2007, com vantagens sobre uma estratégia de gestão passiva de carteiras?

A suposição inicial dos autores deste artigo aponta no sentido de que teria sido possível superar os ganhos de uma estratégia de longo prazo, no período considerado, por meio da aplicação de uma estratégia grafista, elegendo-a como uma opção de gestão de carteira.

A caracterização da HME

A Hipótese dos Mercados Eficientes (HME) constitui-se em uma questão central da teoria das finanças. Basicamente, segundo essa hipótese, um mercado é considerado eficiente quando qualquer informação nova e relevante é rapidamente refletida nos preços, isto é, os preços dos ativos financeiros fornecem sinais adequados para a alocação de recursos (Fama et alii, 1972).

Durante um longo período de tempo, os testes aplicados ao mercado acionário comprovavam empiricamente que o mercado evidenciava um comportamento de acordo com a HME. Dessa forma, a despeito da estratégia adotada pelo investidor, em princípio ele não seria capaz de obter sistematicamente um retorno maior que o retorno do mercado. Por isso, as ações seriam transacionadas pelo seu preço justo, ou seja, qualquer informação disponível estaria incorporada automaticamente aos preços das ações. Assim, não haveria espaço para qualquer ganho anormal no mercado acionário, caso o mercado de capitais fosse eficiente.

Nos últimos 20 anos, tal hipótese tem sido crescentemente contestada. Conforme podemos verificar em Damodaran (1997), vários autores têm apontado a existência de uma incompatibilidade entre a referida hipótese e alguns fatos estilizados sobre o funcionamento dos mercados financeiros. Alguns estudos não têm confirmado a HME, ou seja, a partir de algumas estratégias de investimentos tem sido possível obter retorno maior com um menor nível de risco.

Os resultados dos testes empíricos que não comprovam a eficiência do mercado são genericamente chamados de anomalias. Entre as diversas existentes, destacam-se: o Efeito Janeiro, o Efeito Fim de Semana, distorções com base no índice Preço/Lucro, distorções com base no índice Preço/Valor Contábil e o Efeito Tamanho.

De acordo com o pensamento de Fama, o mercado seria o *locus* onde as trocas econômicas se realizam, e a entidade de coordenação que permitiria às empresas tomarem decisões de produção e investimentos, bem como aos investidores escolherem ativos que representassem a posse dessas empresas (de suas atividades e decisões tomadas) sob a prerrogativa de que os preços dos ativos sempre refletiriam inteiramente todas as informações relevantes.

Para Van Horne *apud* Bruni (1995), um mercado financeiro eficiente existe quando os preços dos ativos refletem o consenso geral acerca de todas as informações disponíveis sobre o estado da economia, sobre os mercados financeiros e sobre a empresa específica envolvida, ajustando rapidamente essas informações aos preços. Dessa forma, a eficiência do mercado está condicionada à eficiência do nível informacional. Fama *et alii* (1972) estabeleceram as seguintes hipóteses (condições suficientes para que exista um mercado eficiente):

(i) não existência de custos de transação;
(ii) todas as informações estão disponíveis a todos os investidores a um custo zero;
(iii) todos os investidores concordam sobre as implicações das informações atuais sobre os preços atuais e sobre a distribuição dos preços futuros de cada ativo, ou seja, os investidores têm expectativas homogêneas.

Segundo Damodaran (1997):

"a eficiência do mercado não exige que o preço de mercado seja igual ao valor real a cada instante. Tudo que requer é que os erros no preço de mercado não sejam tendenciosos, ou seja, que os preços possam ser maiores ou menores do que o valor real desde que estes desvios sejam aleatórios. Isso implica que, de uma maneira grosseira, haja uma probabilidade igual de que uma ação esteja sub ou superavaliada em qualquer instante de tempo, e que estes desvios não sejam correlacionáveis com qualquer variável observável (...) e que nenhum grupo de investidores seja capaz de consistentemente encontrar ações sub ou supervalorizadas utilizando qualquer estratégia de investimento".

O conjunto das informações que formaram os preços passados é um subconjunto do conjunto de informações publicamente disponíveis, que, por sua vez, é um subconjunto de todas as informações. Assim, a eficiência forte pressupõe eficiência "semiforte" e a eficiência "semiforte" pressupõe eficiência fraca. A questão acerca de se os mercados são eficientes e, em caso contrário, onde residem as ineficiências, é básica para a avaliação de investimentos. No caso de os mercados serem, de fato, eficientes, o preço de mercado fornece a melhor estimativa de valor, e o processo de avaliação torna-se o de justificar o preço de mercado.

Se os mercados não forem eficientes, os preços de mercado podem desviar-se do valor justo, e o processo de avaliação é direcionado para a obtenção de uma estimativa razoável de seu valor. Aqueles que fazem boas avaliações, então, serão capazes de obter retornos "maiores" que outros investidores, devido à sua capacidade de identificar empresas super e "subvalorizadas".

As definições de eficiência têm que ser específicas não apenas com relação ao mercado que está sendo considerado, mas também quanto ao grupo de investidores abrangido. É extremamente improvável que todos os mercados sejam eficientes para todos os investidores, mas é inteiramente possível que um mercado específico, como, por exemplo, a Bolsa de Valores de Nova York, seja eficiente com respeito ao investidor médio.

É possível também que alguns mercados sejam eficientes enquanto outros não o sejam, e que um mercado seja eficiente com respeito a alguns investidores, mas não a outros. Essa é uma consequência direta dos percentuais de tributação e custos diferenciais de transações, que conferem vantagens a alguns investidores em relação a outros.

Em um mercado eficiente, uma estratégia de diversificação aleatória do perfil de ações ou de indexação aleatória ao mercado, com pouco ou nenhum custo de informações e custos de execução mínimos, seria superior a qualquer outra estratégia que criasse mais informações e maiores custos de execução.

A possibilidade de se obter um mecanismo de compra e venda de ativos com valores presentes positivos implicaria ganhos anormais, o que seria o objetivo de todos gestores financeiros. Se por um lado a Hipótese de Eficiência do Mercado é válida para alguns períodos e setores, por outro lado, a ineficiência é comprovada pelas anomalias que provocam ganhos anormais invalidando a Hipótese de Eficiência do Mercado.

Anomalias são fenômenos de mercado que não podem ser explicados pelos tradicionais modelos de risco, ou seja, são irregularidades observadas no mercado acionário que não são explicadas pela teoria ou pela prática institucional. Segundo a HME, só se obtém ganhos no mercado acionário quando há uma anomalia. A seguir apresentamos alguns exemplos de anomalias:

a) Efeito Tamanho: Damodaran (1997) registra que estudos têm verificado que pequenas empresas, em termos de valor de mercado e do patrimônio líquido, obtêm retornos mais altos que grandes empresas de risco equivalente, onde o risco é definido em termos de beta de mercado. Alguns autores têm argumentado a impossibilidade de obtenção de retornos anormais com base em ações de pequenas empresas em virtude de falta de liquidez e maiores custos de transação. Dessa forma, essa anomalia detectada não existiria e na prática os mercados seriam eficientes.

b) Índices preço/lucro: há algum tempo investidores questionam o fato de que ações com baixos índices preço/lucro provavelmente estão "subvalorizadas" e obtêm retornos adicionais. Um dos primeiros trabalhos sobre essa anomalia foi feito por Basu *apud* Bodie (2000), que, em seu estudo, comprovou que as ações com menores índices preço/lucro apresentavam retornos superiores às ações com altos índices preço/lucro. Ações de baixo índice preço/lucro geralmente são caracterizadas por crescimento lento, porte grande e negócios estáveis. Todos esses fatores deveriam funcionar para reduzir seu risco em vez de aumentá-lo. A única explicação que pode ser dada para esse fenômeno (que é consistente com um mercado eficiente) é de que ações de baixo índice preço/lucro geram grandes rendimentos de dividendos.

c) Índices preço/valor contábil: essa anomalia tem sido amplamente utilizada por investidores como uma estratégia para selecionar empresas que estariam subavaliadas. As observações mostram que as empresas com baixo índice preço/

valor patrimonial apresentam retornos maiores que as ações com um índice preço/valor patrimonial alto. A descoberta consistente desses estudos é de que há uma relação negativa entre retornos e índices preço/valor contábil, ou seja, ações com índice preço/valor contábil baixo geram maiores retornos que ações de índice preço/valor contábil alto.

d) Anomalia Efeito Janeiro: também conhecida como "mês-do-ano" tem demonstrado que os retornos no mês de janeiro são significativamente mais altos do que os retornos nos demais meses. Os preços das ações tendem a subir no mês de janeiro e a cair nos últimos dias de dezembro. As ações que sofrem maior influência dessa anomalia são as ações das empresas com baixo valor de mercado. Argumenta-se que janeiro é um mês onde se iniciam e terminam alguns eventos financeiros. A maioria das empresas e dos investidores recebe as informações sobre o lucro conhecido pelo mercado. Esse volume de informações disponíveis em janeiro faz com que o risco seja maior, pois aumenta a incerteza devido às informações importantes que devem ser observadas pelo mercado. Uma relação de equilíbrio baseada no risco e no retorno deve estabelecer um retorno maior para esse mês. A relação entre o Efeito Janeiro e o Efeito da Pequena Empresa aumenta a complexidade do primeiro fenômeno. O Efeito Janeiro é bem mais acentuado para pequenas empresas que para grandes empresas e aproximadamente metade do prêmio de pequenas empresas é obtido nos primeiros dois dias de janeiro. Além disso, esse impacto deve ser maior para as pequenas empresas, já que os custos de coleta e processamento de informações são maiores quando comparados com grandes empresas.

e) Efeito Fim de Semana: esse é outro fenômeno de retorno que tem persistido por períodos extraordinariamente longos e em vários mercados internacionais. Refere-se às diferenças em retornos entre segundas-feiras e outros dias da semana. Os retornos nas segundas-feiras são significativamente negativos, ao passo que os retornos em outro dia da semana não. A anomalia do Efeito Fim de Semana está de acordo com a teoria dos mercados "semifortemente" eficientes, sendo um evento detectável, entretanto não passível de ser utilizado como uma estratégia de ganhos adicionais.

Existe uma ampla concordância no sentido de que os mercados funcionam bem o suficiente para que as oportunidades de ganhos sejam raras. Quando os economistas descobrem algo que aparentemente não faz sentido, eles revisitam suas teorias para verificar se há algum elemento que estejam desprezando. Por essa razão, os gestores financeiros devem supor, ao menos como ponto de partida, que os preços são justos e que é muito difícil ser mais esperto que o mercado.

Há três hipóteses para a existência de mercados eficientes, ou seja, aqueles nos quais a informação flui rapidamente, sem assimetrias, não dando margem a possibilidades de arbitragem:

(i) HME na forma fraca: pressupõe a assimilação pelos preços de todas as informações pretéritas. Faz-se validação empírica da HME na forma fraca.
(ii) HME na forma "semiforte": O analista considera todas as informações pretéritas e informações públicas do presente (oriundas dos jornais, revistas, balanços patrimoniais etc.). A validação dessa forma de HME ocorre empiricamente.
(iii) HME na forma forte: nesta hipótese são consideradas todas as informações anteriores mais as informações privadas (*inside information*). Não há validação empírica da HME na forma forte.

O *benchmark* da carteira de mercado

Uma vez que se tenha apresentado e caracterizado a HME, destaca-se que, admitindo-se suas premissas, seria racional escolher a carteira de mercado que representaria a máxima diversificação possível, com dominância sobre todas as demais alternativas de alocação de portfólio (Bodie, 2000). Dessa forma, faz-se mister definir uma carteira teórica que represente o mercado. Conforme as informações institucionais disponibilizadas pela própria Bovespa, o Ibovespa (índice da Bovespa) é o mais importante indicador do desempenho médio das cotações do mercado de ações brasileiro. Seu relevo decorre do fato de retratar o comportamento dos principais papéis negociados na Bovespa. Sua filosofia metodológica simples e efetiva oferece confiabilidade e segurança para considerá-lo o *benchmark* da carteira de mercado para esse trabalho. Atendendo às premissas da HME, doravante reputaremos o Ibovespa como a carteira de mercado, referenciando nossas análises e comparações aos resultados alcançados pelo índice.

Não obstante a sua representatividade como *benchmark* de uma carteira de mercado teórica, para Povoa (2004) o Ibovespa possui algumas limitações intrínsecas que não o recomendam para funcionar como carteira de mercado. Isso ocorre devido ao viés excessivo que evidencia com relação a determinados setores, tais como o de telecomunicações e o de petróleo.

A caracterização da análise técnica

Póvoa (2004) registra que duas escolas de pensamento disputam a vanguarda da precificação de ativos, com vistas a mitigar a angústia que aflige os investidores nas suas tentativas de antecipar os movimentos dos preços das ações. Trata-se da Escola Gráfica e Técnica e da Escola Fundamentalista. A Escola Fundamentalista lança mão de fundamentos macroeconômicos, setoriais e de empresas específicas para tentar estabelecer o *fair value* das ações. A Escola Gráfica de análise admite indiretamente que os investidores possuem um grau de informação razoavelmente uniforme e tendem a repetir as atitudes do passado. Dessa forma, os gráficos são os principais instrumentos para definir as tendências de evolução dos preços. A Escola Técnica também utiliza os gráficos, mas acrescenta o emprego de técnicas estatísticas, tais como as médias móveis, para fundamentar suas predições em dados empíricos das observações passadas.

Depreende-se, portanto, que a Análise Técnica incorpora os pressupostos da Análise Gráfica, pois seu embasamento teórico e empírico está calcado na sistematização do comportamento humano (ou do mercado) por meio dos gráficos, identificando padrões que se repetem ao longo da série histórica e que antecedem o movimento dos preços dos ativos. Suas principais características são:

(i) analisa os dados gerados pelas transações como preço e volume;
(ii) utiliza os gráficos na busca de padrões;
(iii) visualiza a ação dos componentes emocionais presentes no mercado; e
(iv) analisa as tendências e busca determinar alvos (até onde os preços irão se movimentar).

Os gráficos revelam o equilíbrio de poder entre os que apostam na alta e os que apostam na baixa, contudo eles exprimem apenas o que já aconteceu. Não obstante o fato de existirem várias espécies de gráficos, o mais importante não é definir qual o tipo de gráfico utilizar, mas sim saber extrair dele as informações relevantes que subsidiarão as decisões de investimentos. No presente estudo foram utilizados gráficos de linha e de *candles*.

Para compreender e interpretar os gráficos são utilizados alguns conceitos que conferem fulcro à teoria da Análise Técnica. A Teoria de *Dow* é uma das principais bases da Análise Técnica. Tendências, suporte, resistência, indicadores etc. são alguns conceitos apresentados por essa teoria. Neste artigo será empregado o conceito de indicadores para montar a estratégia de investimento.

Os indicadores são ferramentas voltadas para mensuração de aspectos comportamentais do mercado, baseados em informações pretéritas, que fornecem indícios sobre os próximos passos do mercado, ou seja, tentam antecipar os movimentos dos preços dos ativos com base na recorrência dos padrões observados. Ao materializar o indicador por meio de gráficos, torna-se possível identificar formações ou figuras que revelam a disposição do mercado em comprar ou vender o ativo em questão. Póvoa (2004) lembra que, se muitos operadores acreditam na eficácia da Análise Técnica, seus movimentos podem influenciar a disposição dos investidores em vender ou comprar determinados ativos. Esta situação configuraria uma espécie de profecia autorrealizada.

Apresentação dos indicadores empregados na análise técnica

Basicamente, existem dois tipos de indicadores: os rastreadores de tendência (o MACD, Movimento Direcional, o Parabólico, as Médias Móveis etc.) e os osciladores (o IFR, o Estocástico, o Momento, o William % etc.). Os rastreadores são utilizados para identificar uma tendência de alta, baixa ou indefinida, auxiliando na decisão sobre em qual grupo de agentes é mais vantajoso se posicionar no mercado: o lado dos touros (que acreditam na alta) ou dos ursos (que torcem pela queda). Já os osciladores são ferramentas que evidenciam pontos de inflexão, ou seja, indicam *overbought* e *oversold* do mercado. Há ainda os indicadores mistos que combinam os anteriores.

Os indicadores citados são apenas alguns exemplos dentre os inúmeros existentes e os que ainda serão desenvolvidos. Entretanto, a despeito de sua diversidade, faz-se aconselhável limitar o número de indicadores que compõem a avaliação. O emprego de um número exagerado de indicadores traz excesso de complexidade desnecessária, e não benefícios para a análise, podendo gerar, inclusive, ambiguidade nas interpretações.

Embora seja recomendável utilizar diferentes tipos de indicadores, neste estudo será empregado apenas o IFR. Essa simplificação visa pôr à prova a HME diante de uma técnica que chega até ser perfunctória, pois é capaz de ser aplicada por qualquer investidor.

O IFR é um dos indicadores mais utilizados, sendo extremamente útil em diversas situações. De acordo com Lameira (2005), o IFR foi desenvolvido por Welles

Wilder Jr., em 1978. Ele pode ser usado sozinho ou em conjunto com outras técnicas de análise. O IFR mede a "força" de um ativo, que é monitorado por intermédio de uma escala situada entre 0 e 100. São quatro as principais técnicas de utilização do IFR: Topos e Fundos, Formações Gráficas, Suporte e Resistência e Divergências. Neste artigo aplicaremos a ideia dos Topos e Fundos.

O IFR, normalmente, faz um topo acima do valor 70 e um fundo abaixo de 30. A interpretação é:

- *Acima de 70:* configura-se uma situação na qual o ativo está em uma condição de compra excessiva, ou seja, os preços estão altos, levando a pressão compradora a se tornar fraca e abrindo espaço para uma correção.
- *Abaixo de 30:* de maneira análoga, reflete um momento em que aconteceram muitas vendas e o ativo está barato, sugerindo oportunidades de compra que podem dar origem a um movimento altista.

A expressão que define o Índice de Força Relativa está representada a seguir:

$$IFR = 100 - \left(\frac{100}{1 + \left(\frac{A}{B} \right)} \right)$$

Na notação do IFR, tem-se que:

A – é a média das variações positivas no preço do ativo dentro de um período predeterminado; e

B – é a média das variações negativas no preço do ativo dentro de um período predeterminado.

O período mais usual e também o adotado no presente estudo é o de 14 dias.

Critérios de avaliação comparativa dos resultados da aplicação da HME e da análise técnica

Considere-se a premissa de que, se os mercados forem eficientes, não é possível antecipar qualquer movimento nos preços dos ativos. Consequentemente, ninguém pode ganhar do mercado, no sentido de que a posse e manutenção de uma carteira equivalente ao *benchmark* do mercado seria uma estratégia insuperável para a realização de investimento em portfólio de ações.

Assim, se desejarmos simular o resultado da aplicação da HME, uma boa medida consiste no acompanhamento da valorização do *benchmark* da carteira de mercado entre 1º de janeiro de 1998 e 31 de dezembro de 2007 (conforme definido anteriormente). Logo, com base nos dados de séries históricas disponibilizados pela Bovespa, a rentabilidade acumulada por um investidor que aplicasse seu capital confiando na HME seria de 509,66%, a partir das variações do Ibovespa durante tal período.

Entrementes, para a aplicação da Análise Técnica, tomou-se por base a mesma carteira teórica de mercado estabelecida anteriormente. Porém, o IFR foi utilizado para identificar pontos de compra/venda e realizar os *trades*.

O primeiro passo consistiu em construir o gráfico de *candles* do Ibovespa (em pontos) entre 1998 e 2007. Em seguida, passou-se ao gráfico do IFR dessa carteira no mesmo período. Na simulação da estratégia de *trading*, adotou-se a seguinte conduta: quando o IFR tocava na linha de 30 pontos, a compra de ações era efetuada. Se o IFR tocava na linha de 70 pontos, as ações eram vendidas.

Durante a simulação realizada, existem períodos em que a posição pode estar totalmente líquida, mas nunca descoberta. Aplicando essa estratégia entre 1998 e 2007 foi obtida uma valorização de 274,69%.

Em ambas as avaliações foram considerados os preços de fechamento e desconsiderados os custos de transação, bem como não foram levados em conta os impostos cobrados.

Não obstante, conforme ensinam Mescolin *et alii* (2000), uma estratégia de *Market timing* deve alternar aplicações em renda variável com aplicações em títulos que rendem juros, de tal forma que, quando se antecipa uma alta, a carteira aplica em ações, ao passo que, quando uma queda é antecipada, a carteira migra para aplicações rendendo a taxa do ativo livre de risco. Dessa forma, simulamos a adoção dessa recomendação nos momentos em que o IFR recomendava venda. Não obstante, em razão de considerarmos a taxa de juros Selic como sendo uma *proxy* da taxa do ativo livre de risco em nosso mercado, empregamos a taxa de CDI para capitalizar a carteira nos períodos em que o IFR sinalizava venda.

Com base nessa nova abordagem, repetimos a simulação calcada nas seguintes premissas: se a Análise Técnica desse sinal de entrada no dia D, então se calculava o rendimento do CDI considerando um período até D-1. Analogamente, quando o sinal de saída era no dia D, a aplicação no CDI era realizada em D+1.

A tabela a seguir apresenta as séries históricas dos retornos das estratégias descritas, em base comparativa, durante o período considerado.

Tabela 1: Evolução em base histórica das estratégias de gestão de carteiras

	HME	IFR	IFR + CDI	HME acumulado	IFR acumulado	IFR + CDI acumulado
1998	-35,26%	14,70%	40,87%	-35,26%	14,70%	40,87%
1999	146,23%	58,55%	83,63%	63,10%	81,85%	158,68%
2000	-9,87%	11,84%	21,83%	45,62%	103,37%	215,14%
2001	-11,98%	6,89%	11,75%	29,56%	117,38%	252,15%
2002	-18,77%	-11,07%	-3,97%	7,53%	93,31%	238,17%
2003	91,66%	19,11%	42,31%	112,20%	130,25%	381,25%
2004	16,72%	0,49%	13,02%	149,99%	131,38%	443,90%
2005	30,06%	0,00%	19,00%	219,26%	131,38%	547,24%
2006	32,73%	9,61%	19,33%	324,40%	153,60%	672,35%
2007	40,77%	47,75%	60,76%	509,66%	274,69%	1141,60%

Fonte: Os autores.

O quadro anterior apresenta duas formas de comparação: a primeira compara o desempenho de cada estratégia ano a ano, enquanto a segunda revela a rentabilidade acumulada.

Inicialmente, consideremos as estratégias sem as aplicações em CDI. Na avaliação anual, cada estratégia venceu cinco *rounds,* decretando um empate. Nota-se que, em 2005, o gráfico do IFR do Ibovespa não tocou a linha de 30 uma única vez, deixando o investidor fora do mercado (totalmente líquido) durante todo o ano. Isso degradou completamente a rentabilidade de 2005, para fins da aplicação da Análise Técnica. Na prática, para esse caso, seria necessário realizar o ajuste do IFR, a fim de adequá-lo à realidade do mercado naquele momento.

Entretanto, no acumulado do decênio, a vantagem da HME foi grande, ultrapassando em 234,97% o resultado da Análise Técnica. Nota-se que, até 2003, a vantagem era dos "grafistas". Observando o gráfico, verifica-se que esse resultado deve-se à forte tendência de alta que atingiu o mercado, pois raros foram os momentos em que o IFR tocou a linha de 30. Ademais, quando essa indicação revelava *overbought*, a forte alta elevava o índice ao nível 70 muito rapidamente, determinando a venda precipitada. Ao superar o topo de 70 e permanecer acima deste durante um longo tempo, o gráfico não apontava nenhum ponto de entrada. Dessa forma, a Análise Técnica desperdiçava uma oportunidade de auferir ganhos ao permanecer fora do mercado por muito tempo, durante uma forte tendência de alta.

Pode-se depreender que essa estratégia baseada simplesmente no resultado do gráfico do IFR é mais apropriada para um mercado com maior volatilidade, pois o preço do ativo necessita se movimentar em ambos os sentidos, a fim de criar oportunidades de entrada e saída. Outra solução é utilizar o IFR ajustado, conforme citado anteriormente. Destarte, o investidor que elegesse essa estratégia de gestão poderia aproveitar os movimentos ascendentes e passar ileso pelos movimentos descendentes.

No entanto, ao inserirmos as aplicações em CDI, a mudança de composição do processo de capitalização da carteira diferencial fez com que o resultado final da Análise Técnica fosse muito superior ao da HME. Destaca-se o fato de que, curiosamente, considerando-se cada ano isoladamente, o empate permanece com cinco vitórias e cinco derrotas para cada estratégia.

Uma análise comparativa das estratégias de gestão de carteiras pode ser realizada a partir do acompanhamento da dinâmica dos saldos aplicados, em termos percentuais. O quadro a seguir apresenta essa evolução:

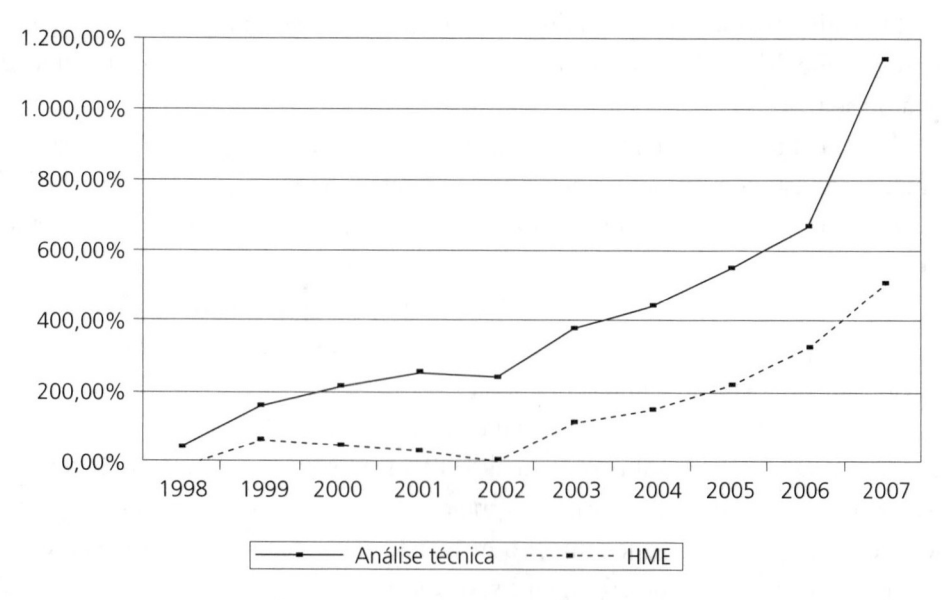

Figura 1: HME × Análise técnica.

Fonte: Dados processados pelos autores a partir de dados da Ibovespa.

Uma possível explicação para esse fato pode ser atribuída à distorção que ocorreu no mercado brasileiro durante os primeiros anos da década de 2000. Naquele período as taxas de juros básicas da economia cumpriam papéis na política econômica que eram bastante distintos de uma mera gestão de política monetária. O preço da credibilidade da economia brasileira em um contexto de desequilíbrio fiscal crônico foram as altas taxas Selic no período. Como a manutenção de taxas nesse patamar é insustentável no longo prazo, não seria factível considerar que as mesmas fossem uma *proxy* apropriada de ativo livre de risco. Tal distorção é mais flagrante se considerássemos a possibilidade de apenas aplicar nas taxas de CDI durante todo o período de gestão da carteira simulada. O rendimento acumulado neste período teria sido de 619,62%, que já seria superior ao resultado da HME.

Se fosse possível realizar a estratégia baseada no IFR conforme a simulação se desenvolveu, o ganho adicional sobre uma estratégia passiva seria expressivo.

Considerações sobre o fenômeno da eficiência dos mercados

Para analisar os resultados acerca da comparação entre a gestão passiva de uma carteira de ações e a gestão ativa por intermédio de indicadores de análise técnica, convém antes registrar algumas considerações de um ator que tem atuado de forma afirmativa nos mercados financeiros mundiais e que, por essa razão, é uma fonte bastante rica para ilustrar nossas análises.

Trata-se das ideias de Soros (2007), traduzidas pelo que ele designa por reflexividade. Soros lembra que a realidade é tudo o que existe ou que acontece concretamente. Os seres humanos conscientes, bem como seus pensamentos e ações, são partes da realidade. Esta singularidade, representada pelo fato de que os pensamentos constituem uma parte do que é pensado, possui profundas implicações tanto sobre os próprios pensamentos, quanto sobre a realidade.

Assim, existem obstáculos insuperáveis para a compreensão da realidade, fazendo com que a mesma seja distinta do que se acredita que ela seja. Embora essa última distinção não se aplique à realidade como um todo, pois alguns aspectos da mesma permitem que seja adquirido conhecimento, enquanto outros resistem a uma compreensão isenta, sendo que o grande problema é que não é nítida a linha que separa o que conseguimos saber daquilo que não é possível saber. O conhecimento é representado por proposições verdadeiras. De acordo com a teoria da correspondência da verdade, as proposições são verdadeiras quando correspondem aos fatos. Para que essa correspondência se estabeleça, as proposições e os fatos aos quais elas se referem devem ser independentes entre si, e essa é exatamente a condição que não pode ser cumprida quando o pensamento faz parte do que é pensado.

Soros diz que a busca pela compreensão da realidade se constitui na função cognitiva, enquanto a necessidade de produzir impacto no mundo constitui a função participativa. Quando essas funções ficam imbricadas, elas acabam interferindo-se mutuamente. Essa interferência é designada por reflexividade, segundo Soros.

As situações reflexivas se caracterizam por uma falta de correspondência entre as visões dos participantes e o estado real das coisas. Nos mercados, os agentes compram e vendem ações antecipando os preços futuros, mas esses preços dependem das expectativas dos investidores. Como as expectativas não podem ser consideradas como sendo conhecimento, elas não devem ser usadas como tal. Assim, os investidores precisam agregar um elemento de julgamento ou inclinação em seu processo de tomada de decisão, e por isso os resultados tendem a divergir das expectativas. Soros destaca que a reflexividade introduz um elemento de incerteza e de imprevisibilidade não apenas na visão de mundo dos protagonistas, como também na realidade com a qual esses protagonistas lidam. Dessa forma, a realidade pode acabar sendo bastante distinta do que seria se os participantes baseassem suas decisões exclusivamente no conhecimento.

Ora, tanto a Hipótese de Eficiência dos Mercados quanto uma estratégia baseada no Índice de Força Relativa estão impregnados com a reflexividade caracterizada por Soros, de forma que existem algumas lacunas provocadas pela incerteza presente no contexto de análise.

Conclusão

Diante dos dados coligidos, há uma tendência em se confirmar a superioridade de uma estratégia baseada no Índice de Força Relativa em face da adoção de uma estratégia passiva de carteiras, conforme recomendaria a HME.

Não obstante, em virtude das condições extremas a que foi submetido o mercado de capitais no Brasil, durante a última década, é temerário considerar o experimento como um efetivo instrumento de validação da suposição inicial que orientou este artigo.

A turbulência experimentada pelo mercado brasileiro deveu-se a múltiplos fatores, destacando-se a mudança de regime cambial, associada à necessidade de assimilação, por parte do mercado, de um Presidente da República originado da visão política de esquerda, que, no Brasil, possui um forte viés anticapitalista, conforme sugere Giambiagi (2007).

Assim, podemos confirmar a superioridade de uma estratégia de *Market Timing* com o emprego do Índice de Força Relativa para orientar o *trading*, apenas no período de tempo analisado, ficando em aberto a questão acerca de se essa estratégia é, de fato, superior a uma estratégia passiva fundamentada na HME.

Referências bibliográficas

BODIE, Zvi *et alii*. *Fundamentos de investimentos*. [Trad. Robert Brian Taylor]. 3. ed. Porto Alegre: Bookman, 2000.

BRUNI, Adriano *et alii*. "Eficiência, previsibilidade dos preços e anomalias em Mercado de capitais: teoria e evidências". In: *Caderno de pesquisas em administração*. Vol. 1, n. 7, São Paulo, 2º Trim./98.

DAMODARAN, Aswat. *Avaliação de investimentos*: ferramentas e técnicas para a determinação do valor de qualquer ativo. [Trad. de Bazan Tecnologia e Linguística]. Rio de Janeiro: Qualitymark Ed.,1997.

ELDER, Alexander. *Aprenda a operar no mercado de ações*. [Trad. Afonso Celso da Cunha Serra]. 1.ed. Rio de Janeiro: Campus, 2002.

FAMA, Eugene F. & MILLER, Merton H. *The theory of finance*. Hinsdale, Illinois: Dryden Press, 1972.

GIAMBIAGI, Fábio. *Brasil – Raízes do atraso – paternalismo versus produtividade*. Rio de Janeiro: Campus, 2007.

LAMEIRA, Valdir. *Negócios em bolsas de valores, estratégias para investimentos*. São Paulo: Alaúde editorial, 2005.

MESCOLIN, Alexandre *et alii*. "Market timing no Brasil: análise de resultados antes e depois do Plano Real". In: COSTA JR., Newton Carneiro Affonso da; LEAL, Ricardo Pereira Câmara; LEMGRUBER, Eduardo Facó (Org.). *Mercado de capitais*: análise empírica no Brasil. São Paulo: Atlas, 2000. [Coleção COPPEAD de Administração].

PÓVOA, Alexandre. *Valuation*: como precificar ações. São Paulo: Globo, 2004.

SOROS, Georges. *A era da insegurança*: as consequências da guerra contra o terrorismo. Rio de Janeiro: Elsevier, 2007.

Sites visitados

BOLSA DE VALORES DE SÃO PAULO. Disponível em: <www.bovespa.com.br/Principal.asp>. Acesso em: 7 jul. 2008.

CÂMARA DE CUSTÓDIA E LIQUIDAÇÃO. Disponível em: <www.cetip.com.br>. Acesso em: 7 jul. 2008.

NELÓGICA. Disponível em: <www.nelogica.com.br>. Acesso em: 10 jun. 2008.

TIMING, REVISTA DE ANÁLISE TÉCNICA DOS MERCADOS. Disponível em: <www.timing.com.br/>. Acesso em: 10 jun. 2008.

CAPÍTULO 4

A emergência da hipótese dos mercados fractais como aperfeiçoamento da gestão de riscos nos mercados financeiros

Carlos José Guimarães Cova, Maurício Corrêa de Souza
e Alexandre Paula Silva Ramos

Introdução

Apesar da existência de um profícuo arcabouço doutrinário acerca dos Mercados Financeiros, bem como da difusão de sofisticadas ferramentas operacionais para o gerenciamento de riscos de mercado e dos aparatos tecnológicos de processamento de dados, ainda não é possível evitar a ocorrência das crises financeiras, que insistem em se manifestar amiúde e cujos efeitos são potencializados em escala global. Os impactos de uma crise nas bolsas de valores promovem reações em cadeia na economia real, tais como retenção de custos, desemprego e queda do consumo das famílias, levando ao declínio na taxa de crescimento da atividade econômica e, por fim, a uma depressão econômica.

Recentemente, no ano de 2008, os créditos imobiliários de alto risco (também conhecidos por créditos *subprime*) foram os protagonistas de uma crise financeira mundial. Na economia global, a crise do *subprime*, como ficou conhecida, teve seu epicentro na bolsa norte-americana e seus impactos foram sentidos em vários lugares do mundo. Os governos das principais economias mundiais tiveram que adotar medidas de estímulo ao consumo, tais como a redução da taxa de juros, adoção de políticas fiscais expansionistas e, em alguns casos, a estatização de empresas em setores estratégicos com objetivo de reverter essa situação. Segundo pesquisa realizada pelo jornal suíço *NZZ am Sonntag*, em fevereiro de 2009, os aportes financeiros visando ao salvamento de instituições e investimentos em programas econômicos de 37 países já somavam quase 10 trilhões de dólares.

Com o advento dessa crise, várias bolsas de valores no mundo evidenciaram quedas bruscas. O Índice Bovespa brasileiro, em dois meses (de setembro a outubro de 2008), acumulou perdas de -32,5%. Especificamente, no dia 15 de outubro de 2008, a Bovespa lançou mão, pela quinta vez no ano, do *circuit braker*, interrompendo as negociações devido às fortes perdas, registrando queda de -11,40% ao final do pregão.

Registre-se que outras crises financeiras promoveram impactos significativos na economia. Em 31 de agosto de 1998, dez anos antes da crise do *subprime*, o índice norte-americano *Dow Jones Industrial Average* evidenciou uma queda de -6,8%, fechando o mês com sucessivas quedas de -4,4% e -3,5%, respectivamente, nas duas semanas anteriores, potencializadas pelo colapso dos títulos russos, e marcando o início da Crise Russa. Em 19 de outubro de 1987, aproximadamente 19 anos antes da crise do *subprime*, o mesmo índice *Dow Jones* sofreu uma queda de -29,2%, a maior baixa do século XX.

De acordo com Mandelbrot (2004), a estruturação da análise do risco de mercado envolve duas vertentes tradicionais de análise do Mercado Financeiro: a Análise Fundamentalista e Análise Gráfica ou Técnica.

A Análise Fundamentalista visa identificar a dinâmica geradora de um determinado comportamento dos preços. A principal crítica a esse modelo se traduz na suposta identificação das causas, que muitas vezes são desconhecidas ou mascaradas, como também podem ser interpretadas de inúmeras maneiras. Além disso, o gerenciamento do risco por uma análise retrospectiva restringe a amplitude da identificação de possíveis eventos novos, que podem desencadear uma variação dos preços.

Por sua vez, a Análise Técnica busca oferecer uma resposta para essa defasagem em relação aos riscos eminentes no mercado. A Análise Gráfica tenta identificar padrões reais ou possíveis no comportamento dos preços por meio de indicadores, como volumes e desenhos dos gráficos de uma série de preços, identificando suportes e resistências no gráfico de preços. Seu maior diferencial em relação à Análise Fundamentalista seria a captura da influência do fator emocional dos investidores pelos gráficos plotados.

Essas duas análises em questão foram constituídas a partir do conteúdo e hipóteses estruturadas pela denominada Moderna Teoria Financeira, cujo marco inicial foi estabelecido com o trabalho de Bachelier, em 1900, que aplicou conceitos matemáticos de probabilidade e de estatística para uma análise reducionista do Mercado Financeiro. Com o passar do tempo, outros trabalhos acadêmicos foram desenvolvidos a partir desses pressupostos, ao longo do século XX. As hipóteses que foram formuladas eram pouco realistas, mas consolidaram o arcabouço teórico sobre as finanças, a despeito das evidências empíricas que muitas vezes as violavam.

Essas limitações e reduções da realidade, apesar de serem conhecidas, muitas vezes foram ignoradas por parte dos doutrinadores e pesquisadores na análise do risco de mercado, o que gerava insegurança com relação ao entendimento do que seria a real exposição ao risco.

A Moderna Teoria Financeira pode ser encontrada em grande parte dos livros de finanças, presentes nas ementas das disciplinas de qualquer escola de negócios e questões de prova em certificações de profissionais de Mercado Financeiro. Via de regra, quando se estuda finanças, grande parte dos programas tratam da Moderna Teoria Financeira propriamente dita ou, em casos avançados, tratam de algumas violações de suas hipóteses, reputando-as como "anomalias".

Contudo, com o passar do tempo, as hipóteses e delimitações dos métodos de estudo foram desaparecendo na concepção das análises, e assim a Moderna Teoria Financeira assumiu um status dogmático, em virtude da disseminação de seu uso e a crença nos instrumentos desenvolvidos a partir dessa teoria. De forma sucinta, a Moderna Teoria Financeira abriga a suposição de que os movimentos de preços obedecem a um movimento browniano e, por isso, podem ser explicados a partir de uma distribuição normal. Essa suposição e seus desdobramentos formaram a Hipótese dos Mercados Eficientes.

Assim, o *mainstream* do Mercado Financeiro optou pelo uso de uma venda tecida por instrumentos de análise úteis, porém frágeis empiricamente. Por exemplo, a probabilidade estimada pelas ferramentas estatísticas da Moderna Teoria Financeira de uma ruptura nas proporções vivenciadas em outubro de 1987 no mercado norte-americano era de um valor aproximado de um em 1050, ou seja, extremamente irrelevante e raro e, por essa razão, pouco estudado e compreendido.

Em 1963, Bernoit Mandelbrot iniciou seus trabalhos para tentar compreender de maneira mais apurada o comportamento dos preços. Em seu trabalho intitulado "*The variation of certain speculative prices*", Mandelbrot demonstrou que os comportamentos dos preços do algodão estavam distantes dos conceitos e do comportamento previstos pela Moderna Teoria Financeira. Desde então, Mandelbrot dedicou-se ao estudo do comportamento dos preços, criando uma nova forma de explicar sua dinâmica, por meio da análise do comportamento fractal dos mercados. Dessa forma, o problema que se apresenta é: a dinâmica fractal dos mercados é um elemento de análise mais apropriado para estabelecer os critérios de gerenciamento de riscos?

A suposição que anima este estudo é que o comportamento fractal dos mercados é capaz de permitir uma modelagem mais acurada que a Hipótese dos Mercados Eficientes para explicar os movimentos de preços.

Uma caracterização dos riscos de mercado

A revista *Harvard Business Review*, de outubro de 2009, informa-nos que, de todos os erros de gestão cometidos no período antecessor da crise financeira mundial (crise do *subprime*), os mais visíveis foram os erros de gestão de risco.

Segundo Bernstein (1997), "a palavra risco deriva do italiano antigo *riscare*, que significa ousar". Adam Smith, *apud* Bernstein, acreditava que a inclinação humana a enfrentar riscos impelia o progresso econômico, embora temesse os resultados do descontrole dessa propensão. Essa tendência tem sido observada desde 3500 a.C., quando os habitantes do Egito antigo já se aventuravam em jogos de azar. Porém, os agentes do Mercado Financeiro não podem se permitir ficar à deriva, sob a égide da própria sorte. Faz-se necessário compreender as vicissitudes para subsidiar as decisões de investimento. Nesse afã, os matemáticos, economistas, psicólogos e outros percorreram uma verdadeira odisseia até que chegássemos à Hipótese dos Mercados Eficientes, à Moderna Teoria Financeira e às ferramentas atuais para gerenciamento das incertezas.

A gestão de risco pode ser entendida como sendo o processo formal praticado pelas organizações para promover a efetiva identificação, mensuração e controle das exposições assumidas, e deve atender às demandas do controle interno da organização e exigências do regulador do mercado. Faz-se necessário ressaltar que a gestão de riscos não visa eliminar, mas administrar os riscos envolvidos nas diversas atividades, de forma a identificar e maximizar as potenciais oportunidades e mitigar os efeitos adversos. De acordo com Brito (2007), a gestão de riscos compreende as fases de identificação, análise, mensuração, divulgação e controle. Assim, podemos verificar que faz parte da atividade de gerência de riscos o conjunto de técnicas administrativas, financeiras e de engenharia que são empregadas para o apropriado dimensionamento dos riscos, com o objetivo de definir o tipo de tratamento a ser dispensado aos mesmos.

A identificação formal promove a formação de políticas e de uma estrutura hierárquica da gestão de risco; a mensuração é uma prática de quantificar e qualificar a exposição ao risco em uma organização; e o controle visa evitar que a exposição ao risco torne-se uma realidade que inviabilize a continuidade da organização.

As exposições ao risco das empresas estão associadas à possível volatilidade de seus ativos e passivos, gerando perdas econômicas ou financeiras. Kimura *et alii* (2008) afirmam que podemos segregar o risco empresarial em três grandes subconjuntos de ambientes de exposição aos riscos específicos da organização: riscos do negócio, riscos estratégicos e riscos financeiros.

Os riscos do negócio podem ser definidos como sendo aqueles assumidos de forma voluntária pela administração, especificamente por cada organização, em busca de vantagens competitivas perante seus pares. São os riscos de inovações, produtos destinados ao nicho de mercado específico, posicionamento de marca e precificação dos produtos.

Os riscos estratégicos são associados à mudança do cenário macroeconômico geral. São assumidos em razão do papel da organização no ambiente de negócio global, obtendo assim uma exposição que se situa fora da organização, sendo, portanto, riscos extremamente difíceis de mensurar e controlar. Porém, as grandes organizações são obrigadas a adotar medidas para contornar esses riscos em face de cenários adversos.

Os riscos financeiros são as exposições tomadas por oscilações de variáveis financeiras, tais como taxas de juros, preços de ações, taxas de câmbio, fraudes, inadimplências e outros riscos que afetem diretamente o fluxo de caixa da organização. Jorion *apud* Lima (2007) classifica os riscos financeiros em cinco grandes grupos: risco de mercado, riscos de crédito, riscos de liquidez, riscos operacionais e riscos de *compliance* (ou legais).

Os riscos de mercado são aqueles relacionados com a probabilidade de perdas em virtude das oscilações dos preços dos ativos e passivos que compõem um portfólio. Podem ser classificadas como manifestações do risco de mercado as possíveis perdas decorrentes de uma flutuação adversa do valor do ajuste diário de mercado, como também a má estruturação de artifícios financeiros, como instrumentos de *hedge* e *swap*.

O risco de crédito é referente ao risco de *default* ou inadimplência da contraparte em uma relação de crédito. Ao adquirir um título de crédito, o investidor assume uma posição exposta ao risco de não cumprimento do contrato. Os principais problemas relacionados ao risco de crédito são os riscos de inadimplência, de deterioração de crédito e de garantia real.

Os riscos de liquidez podem se manifestar ou por meio de venda com deságio de ativos ou pela falta de recursos para saldar obrigações financeiras imediatas.

Os riscos operacionais são os riscos de perdas potenciais resultantes de falhas ou inadequações de processos internos, de sistemas, de pessoas ou eventos externos.

Por fim, os riscos de *compliance* ou legais são as perdas decorrentes dos descumprimentos das normas legais, que ensejam multas ou reparações.

Destacamos que existem múltiplas correlações entre essas tipologias de risco. Normalmente, a ocorrência de uma perda referente a um risco específico, tal como, por exemplo, o risco de crédito, pode desencadear perdas relativas em outras áreas, afetando a exposição ao risco de mercado.

Com a crise da dívida externa na década de 1980 (principalmente causada pelo excesso de liquidez internacional do período anterior ao 2º choque do petróleo, em 1979), os órgãos reguladores mundiais se reuniram para restringir o montante de exposição ao risco que cada instituição pode assumir com objetivo de evitar o risco de contágio de perdas sistêmicas no Mercado Financeiro. Este risco de contágio pode ser entendido como o risco das interconexões das instituições no âmbito global. Dessa forma, perdas potenciais em uma parte do globo poderiam causar efeitos devastadores no mundo financeiro em geral.

No evento oficialmente denominado *International Convergence of Capital Measurement and Capital Standards*, ou Acordo de Basileia I, firmado em 1988, emergiu a necessidade de fiscalização e preocupação com a alavancagem das instituições financeiras, buscando evitar o risco de crédito.

Em 1996, por meio da Emenda 1996, estenderam-se os padrões mínimos de capital estipulados em Basileia I para o risco de mercado. Desde então, os ativos ponderados pelo risco são dados pela soma das exigências de capital sobre os riscos de crédito e de mercado.

Contudo, as medidas adotadas em Basileia I não evitaram o alto número de falências de instituições financeiras na década de 1990, pressionando uma revisão do acordo. Ao longo da década de 1990, ocorreram processos de formalização do gerenciamento de risco de mercado das grandes instituições financeiras, mas o processo ainda não era padronizado para todas as instituições.

Em 2004, em resposta a esse quadro, o órgão normativo Comitê da Basileia reestruturou e substituiu o acordo de Basileia I de 1988, fixando três pilares (capital mínimo requerido; revisão no processo de supervisão; e disciplina de mercado) e 25 princípios básicos sobre contabilidade e supervisão bancária. Esse conjunto de pilares e princípios foi chamado de Basileia II.

Conforme ensina Pereira (2006), o primeiro pilar, que é referente ao capital mínimo requerido, estimula as instituições financeiras a provisionarem recursos próprios para cobrir os riscos de crédito e risco operacionais. A revisão no processo de supervisão (segundo pilar) nos remete à ideia de controle da adequação das necessidades de capital com relação às exposições de risco assumidas. O terceiro pilar tem o objetivo de disciplinar o mercado por meio de transparência bancária com relação aos riscos assumidos.

A metodologia do risco de mercado foi se estruturando por meio das diretrizes de Basileia que estabelecem o montante de perda máxima ao longo de dez dias de negociação com nível de confiança de 99%. Essas normas direcionaram para uma metodologia comum, o *Value at Risk*, ou *VaR*.

O *VaR* é uma técnica usada para estimar a probabilidade das perdas máximas, em termos monetários, de um portfólio de ativos. O *VaR* é uma técnica baseada em análise estatística, dado um grau de confiança e um horizonte de tempo definido. Historicamente, o JP Morgan foi um dos primeiros bancos a empregar essa metodologia, que, a partir das definições de Basileia, propagaram-se no ambiente do Mercado Financeiro.

A metodologia do *VaR* parte dos mesmos princípios estruturados durante anos pela Moderna Teoria Financeira, que se utiliza de simplificações da realidade para prover o Mercado Financeiro de instrumentos mais práticos para a manipulação dos dados e estimação dos riscos. Essa metodologia não consegue refletir as perdas em eventos extremos, pois, como está fundamentado na curva normal, assume que os fatos ocorrem conforme essa distribuição sugere. Porém, na cauda dessa distribuição, a probabilidade de ocorrência é residual, de forma que são desprezados alguns eventos mais frequentes no mundo real. O *VaR*, como é fundamentado na distribuição normal, despreza os eventos extremos e subestima suas ocorrências. As evidências empíricas sugerem que existem falhas graves no paradigma dominante na gestão de riscos.

Os questionamentos ao paradigma dominante na moderna teoria financeira

Mesmo antes de a Hipótese dos Mercados Eficientes tornar-se amplamente consolidada, algumas exceções ao pressuposto da normalidade já estavam sendo verificadas. Nesse sentido, Peters (1991) relata que, ainda em 1964, Osborne constatou uma anomalia quando tentava plotar um gráfico da função densidade de probabilidade da distribuição dos retornos. Ele notou que a distribuição apresentava curtose mais elevada, ou seja, possuía uma cauda mais "gorda" que uma distribuição normal, embora na ocasião não tivesse dado destaque para este fato. Desde 1964, quando Cootner publicou seu trabalho, já era bastante constatada a existência de um comportamento de caudas "gordas" na distribuição de mudanças de preços, fato que ensejou um duradouro debate que se estendeu ao longo dos dez anos seguintes. Peters (1991) assinala que Mandelbrot, também em 1964, sugeriu que a distribuição dos retornos poderia pertencer a uma família de distribuições Paretianas estáveis, que se caracterizam por possuírem variância indefinida ou infinita. Na época isto foi considerado um anátema, mas o futuro demonstrou que Mandelbrot estava mais perto do verdadeiro comportamento dos mercados.

À medida que os novos testes de normalidade foram se sucedendo, o paradigma dominante ia sofrendo novos abalos. Um ano após essa sugestão de Mandelbrot,

Fama realizou um estudo sobre os retornos diários, que assinalou um comportamento da distribuição de frequência negativamente assimétrico, ou seja, com frequência da moda superior à da mediana e a frequência desta última superior à da média. Adicionalmente, Fama constatou que as caudas da distribuição eram mais "gordas" do que deveriam ser, caso a distribuição fosse normal, bem como o "pico" em torno da média era mais alto do que o previsto. Confirmando essa evidência, também Sharpe em seu livro-texto editado em 1970, *Portfólio Theory and Capital Markets*, quando comparava os retornos anuais com a curva normal, verificou que valores extremos ocorriam em uma frequência maior do que poderia se verificar em uma distribuição normal. Mais recentemente, Turner e Weigel *apud* Peters (1994) realizaram um extenso estudo sobre o comportamento da volatilidade dos retornos diários do índice S&P, no período compreendido entre 1928 e 1990, constatando resultados similares aos encontrados por Fama e Sharpe.

Esses estudos ofereceram amplas evidências no sentido de que os retornos de títulos nos mercados de capitais não são normalmente distribuídos. Não obstante, se os retornos não forem normalmente distribuídos, então boa parte da análise estatística, em especial aquela que se vale de coeficientes de correlação, fica bastante comprometida e pode levar a alguns resultados equivocados. Ademais, em virtude dessas circunstâncias, a ideia de que ocorre um passeio aleatório nos preços das ações também fica enfraquecida.

Ocorre que a HME era necessária para justificar o fato de que as mudanças de preços seguem um passeio aleatório, pois essa suposição não se sustenta sem aquela hipótese, embora este relacionamento não seja reversível. Na realidade, a suposição de passeio aleatório era necessária para que se pudesse empregar com eficácia o ferramental estatístico para analisar as mudanças nas séries temporais de preços. Por sua vez, se houvesse o desejo de que a Teoria do Portfólio tivesse aplicação no mundo real, então seria preciso lançar mão do instrumental estatístico. Talvez esta tenha sido a principal justificativa para o fato de que as evidências de não normalidade tenham sido largamente ignoradas nessa fase áurea da HME. Sem a suposição de normalidade, um vasto corpo de teoria e experimentação empírica seria questionado, ao mesmo tempo em que a noção tradicional do *trade-off* (risco-retorno) não seria necessariamente aplicável.

Ignorar as evidências em um ambiente de pesquisa séria não é uma questão de opinião apenas. É uma impossibilidade, cuja insistência remete seus defensores mais para o fanatismo irrefletido do dogma do que para o panteão da ciência. O fato é que a doutrina passou a assinalar as situações nas quais o comportamento dos mercados se afastava da situação de *fair game*. Tais situações foram designadas pelo epíteto de "anomalia de mercado" e passaram a ser conhecidas por designações mais prosaicas, tais como "Efeito janeiro" ou "Efeito das pequenas firmas" ou ainda, "Efeito baixo P/L". À medida que o volume e a extensão dessas anomalias iam surgindo como resultado de novos experimentos empíricos, aumentava o número de sugestões no sentido de que o paradigma predominante requeria alguns ajustes, que levassem essas anomalias em consideração.

Não obstante, talvez a questão principal a ser considerada tivesse relação com a maneira pela qual as pessoas tomam decisões, pois a HME é fortemente dependente da suposição da atuação de investidores racionais. Essa racionalidade poderia ser definida como sendo a capacidade com que os agentes avaliariam os títulos com base em todas as informações disponíveis, de tal forma que os preços refletiriam esse acordo entre os agentes por intermédio dos mercados. Em particular, os investidores teriam aversão ao risco. Nesse sentido, poderíamos questionar: seriam as pessoas racionais, com base nessa definição, em termos agregados? Ou ainda: quando os agentes se veem diante de situações de ganhos ou perdas, suas reações se alteram?

A resposta para essas duas indagações começou a ser dada a partir dos trabalhos de Tversky e Kahneman. Em particular, Kahneman (2003) assinalou que, quando os agentes se encontravam em situações nas quais houvesse a possibilidade de ocorrer uma perda certa ou uma perda provável, mas de mesmo valor esperado que a anterior, eles se tornavam mais propensos ao risco, escolhendo a alternativa que envolvia probabilidade. Além disso, entre um ganho certo e outro provável, embora de mesmo valor esperado que o anterior, os agentes preferem o ganho certo. Ambos os resultados contradizem a ideia de racionalidade da teoria majoritária. Ademais, Kahneman também investigou como os agentes tomam decisões sob condições de incerteza. A Hipótese de Racionalidade afirma que as crenças e probabilidades subjetivas dos agentes são acuradas e não tendenciosas. Não obstante, as pessoas têm uma tendência muito comum de realizar predições com excesso de confiança. Uma solicitação de esforço cerebral impõe uma tomada de decisão com a maior precisão possível, ainda que o cérebro não tenha recebido informação suficiente. Dessa forma, um decisor ao considerar um determinado cenário como sendo o mais provável, dadas as probabilidades subjetivas estimadas, pode agir com excesso de confiança e eventualmente até desprezar informações relevantes disponíveis que não se ajustem ao cenário escolhido. Esse comportamento se afasta da Hipótese de Racionalidade.

Peters (1991), após analisar o extenso trabalho de Kahneman, passou a acreditar que os agentes necessitam de alguma confirmação empírica para proceder à tomada de decisão. Assim, os agentes não devem reagir a uma tendência até que ela esteja bem estabelecida. Os agentes estariam menos dispostos a alterar as suas previsões acerca do futuro, a menos que eles recebessem suficientes informações que confirmassem que o ambiente de fato havia mudado. Esse comportamento é completamente diferente daquele previsto pela Hipótese de Racionalidade que sustenta o *mainstream* da Teoria Financeira. Essa constatação implica que os investidores não reagem às informações à medida que elas surgem, o que, por sua vez, implica que os mercados não são eficientes na forma sugerida por Fama, pois os preços não estão refletindo a cada momento as novas informações disponíveis. Muitas delas são momentaneamente ignoradas, mas a reação vem depois. Assim, se for confirmada a noção de que os investidores não reagem de forma linear em face das novas informações recebidas, a natureza do comportamento dos mercados financeiros pode ser bastante distinta daquela que a doutrina majoritária tem caracterizado. Existem alternativas para essa ambiguidade. O paradigma corrente do comportamento dos mercados está baseado na Hipótese de Eficiência do Mercado e em um relacionamento linear de causa e efeito. Aos poucos começa a emergir um novo paradigma, no qual o mercado é tratado como uma entidade complexa, caracterizado por um comportamento de sistema interdependente. Embora essa complexidade ofereça vastas possibilidades de investigação e interpretação, suas respostas não surgem tão facilmente.

A Teoria Fractal aos poucos foi se impondo como um contraponto aos dogmas criados pela teoria financeira mais ortodoxa, com o propósito de oferecer uma visão mais realista acerca do funcionamento do Mercado Financeiro. Embora considere que a ortodoxia financeira concebeu modelos válidos, a Teoria Fractal denuncia o excesso de redução da realidade em suas premissas, que são simplificações inaceitáveis para o grau de desenvolvimento tecnológico de processamento de dados e das engenharias exóticas praticadas no mercado.

Não obstante, para um melhor entendimento da perspectiva fractal, e de suas aplicações no Mercado Financeiro, faz-se necessário desmontar os pressupostos que sustentam a Teoria Ortodoxa.

Os principais pressupostos que sustentam a Teoria Ortodoxa foram descritos por Mandelbrot (2004) como sendo: (i) racionalidade dos agentes; (ii) expectativas homogêneas de investimento; (iii) continuidade da mudança de preços; e (iv) o movimento browniano que descreve o movimento dos preços.

Podemos considerar que esses pressupostos são frágeis se compararmos com a realidade. Preliminarmente, as pessoas não agem puramente com a razão. Segundo Ariely (2008), não importa o quão experientes sejamos, sempre que estamos sob tensão ou excitação, nossas emoções assumem um papel preponderante no processo de tomada de decisão, e nos conduzem a decisões irracionais. Somente essa constatação já seria suficiente para violar a primeira premissa ortodoxa. De fato, existe um ramo de estudo em finanças que trabalha com a interação dos agentes no Mercado Financeiro e os fatores que influenciam no momento da tomada de decisão, conforme visto nos trabalhos de Kahneman.

Outra simplificação da Moderna Teoria Financeira assume que os agentes são iguais, com o mesmo horizonte de investimento e vão atuar da mesma maneira ao se depararem com uma nova informação. Ora, os indivíduos não são iguais, e muito menos investem nas mesmas empresas, ou possuem a mesma visão de mundo.

No Mercado Financeiro existem operadores denominados *day traders*, que realizam operações com horizonte de um dia, relacionando-se em um mesmo ambiente com gestores de fundos de *private equity* com estratégias de longo prazo, em média de cinco a sete anos. Logo, esse pressuposto é fraco, e incorporá-lo no modelo não trará a sensibilidade necessária para uma análise fidedigna da formação de preços no mercado.

Para poder fazer um tratamento das séries históricas dos preços, foi preciso assumir que as variações dos preços são praticamente contínuas. Esse pressuposto pode ser visto como resquício das equações da termodinâmica incorporadas às finanças por Bachelier, que tratou a variação das ações no mesmo processo de variação gradual da temperatura. Na teoria, as cotações evoluem suavemente para o novo valor, mas, na prática, os preços "saltam" tanto para cima quanto para baixo. Mandelbrot (2004) nos informa que 80% dos agentes operadores do mercado cambial tendem a cotar os preços em números redondos, terminados em 0 ou 5, "saltando" os preços intermediários.

Assim como a continuidade suave das variações de preços, o movimento browniano foi incorporado dos modelos da física. Assumir o movimento browniano implica adotar três argumentos em finanças: (i) as mudanças de preços são independentes umas das outras; (ii) *estacionaridade* estatística, ou seja, os fatores que influenciam as mudanças de preços se mantêm inalterados ao longo do tempo; e (iii) as mudanças de preços seguem uma distribuição normal.

Fama e French (1988) escreveram um estudo sobre anomalias acerca do comportamento das ações, no qual foram identificadas correlações de desempenhos passados. No estudo, aproximadamente 10% dos desempenhos positivos dos títulos em uma década vinham acompanhados de desempenhos negativos nas décadas seguintes. Com passar dos anos, novos estudos foram surgindo sobre tendências no mercado, desarticulando o pensamento que as variações dos preços são independentes.

Os preços não se comportam como uma distribuição normal. A estrutura em formato de sino com poucas chances de ocorrência de eventos extremos não reflete o real risco das oscilações abruptas do Mercado Financeiro. As probabilidades irrisórias de ocorrência de crise financeiras da magnitude que vivemos são as provas empíricas que aceitar esse argumento é vendar-se para os reais riscos do Mercado Financeiro.

A alternativa fractal

Mandelbrot (2004) define a geometria fractal como sendo um tipo especial de variância ou simetria que relaciona o todo com suas partes, ou seja, o todo pode ser dividido em partes menores, sendo essas a imagem do todo. A Figura 1 nos apresenta uma formação fractal típica:

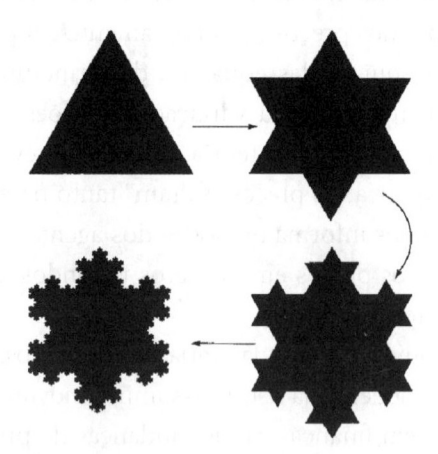

Figura 1: Fractal do tipo Curva de Koch.

Fonte: Barcellos (1984).

Os fractais de estruturas menos elaboradas, cujas mudanças de escala se manifestam de maneira proporcional em toda estrutura, são chamados de autossimilares (ou *self-similar*). Os fractais que mudam de escalas em direções diversas são chamados de auto-afins (ou *self-affine*). Estes são parecidos com o comportamento dos preços. Já os objetos fractais em que as escalas variam em várias maneiras diferentes são chamados de *multifractais*.

A análise pela ótica fractal trata do desenvolvimento de uma geometria capaz de descrever um comportamento irregular com objetivo de identificar repetidos padrões. Esses padrões podem surgir sob vários aspectos, por exemplo, aumentando ou diminuindo escalas, ou se mostrando distorcidos, ou até mesmo espremidos e inclinados.

A elaboração de um objeto fractal é constituída de duas etapas: em primeiro lugar, há um objeto base, normalmente uma figura simples, nomeada de iniciador. Posteriormente, acrescenta-se um padrão intitulado de gerador, que irá atribuir características do padrão da figura.

Ao observar as figuras da geometria fractal, podemos perceber que existe uma similaridade entre as partes com o todo, independente da escala em que se observa o objeto. Essa característica descreve o comportamento fractal regido pela Lei de Potência, a qual permite visualizar alterações de padrões de comportamento que se repetem em inúmeras escalas de tamanho da figura. A Lei de Potência caracteriza-se pela probabilidade de medição de alguma quantidade ou valor, que varia exponencialmente com essa quantia.

Vamos considerar uma unidade de segmento de reta. Se triplicarmos seu tamanho (isso quer dizer que estamos expandindo com fator magnificador por três), chegamos ao segmento que contém o equivalente aos três segmentos lado a lado. Considerando um quadrado, se o expandirmos pelo fator três, ou seja, triplicando seus lados, temos um quadrado de área nove, o que equivale a 3^2. Portanto, se elevarmos ao cubo a terceira potência, teremos 27 componentes congruentes.

A Lei de Potência clássica foi inicialmente descoberta por Vilfredo Pareto, em estudos sobre distribuição de renda. Nesse estudo, Pareto descreveu os níveis de renda em um eixo e, no outro, o número de pessoas com determinadas rendas. Descobriu, então, que a distribuição de renda não se dava por uma inclinação suave, em diversas escalas compondo uma "pirâmide"; de fato, a sociedade se comportava como uma "seta".

Esses dados mostraram que a curva normal não descrevia o processo de distribuição da riqueza na sociedade, pois os pontos do gráfico não estavam dispersos uniformemente. Esse fato implica dizer que a distribuição de renda não é um fenômeno de variáveis aleatórias.

A identificação da Lei de Potência nas séries de preços de ativos no Mercado Financeiro deu-se por intermédio de Bernoit Mandelbrot. Em 1961, quando ele estava prestes a realizar uma apresentação em Harvard de seu estudo descritivo sobre o comportamento da distribuição de renda na sociedade, que se descrevia por meio de uma Lei de Potência, assim como nos estudos de Pareto, Mandelbrot deparou-se com gráfico e padrões muito semelhantes ao que iria apresentar logo mais na lousa da sala do professor anfitrião Hendrik S. Houthakker.

Mandelbrot se surpreendeu ao descobrir que o gráfico descrito de Houthakker não tinha a menor correlação sobre distribuição de renda, e sim sobre o histórico do preço do algodão. Houthakker havia compartilhado com Mandelbrot a dificuldade de se analisar os preços do algodão pela métrica tradicional da Moderna Teoria Financeira. Dizia Houthakker que a volatilidade não era constante, e cada novo dado de preço alterava substancialmente a dispersão da amostra. De posse dos registros dos preços do algodão, Mandelbrot, então funcionário da IBM, começou um estudo de processamento de dados, culminando no trabalho intitulado *The variation of certain speculative prices* de 1963. Nesse trabalho, Mandelbrot, com auxílio do processamento computacional, descrevera que os comportamentos dos preços do algodão estavam distantes de uma distribuição normal, identificando padrões na série de preços regidos por uma similaridade definida por Lei de Potência.

Ao analisar os dados dos preços do algodão, Mandelbrot identificou que esses preços não se comportavam como previsto na teoria de Bachelier. Assim como identificado por Houthakker, a cada adição de um novo dado, a variância mudava erraticamente, atribuindo uma volatilidade não prevista pelo modelo da teoria ortodoxa financeira. Mandelbrot identificou ainda que grandes quantidades de pequenos movimentos de preços geravam poucos grandes saltos, descrevendo assim uma Lei de Potência.

Mandelbrot, em sua análise, identificou ainda que a distribuição dos retornos dos preços do algodão seria mais bem descrita por uma distribuição alfa-estável. As distribuições "estáveis", desenvolvidas por Paul Levy, em 1925, combinam a distribuição gaussiana (curva normal) com a curva de *Gauchy*. A curva gaussiana acomoda as variáveis aleatórias de forma que nenhum valor, por mais extremo que seja, condicione ou modifique as características da distribuição. Por outro lado, dados extremos plotados na curva de *Gauchy* ditam o comportamento da curva, atribuindo caudas gordas à distribuição.

Levy permaneceu entre esses dois aspectos, desenvolvendo uma distribuição que é dita como "estável", pois as mudanças nos parâmetros não alteram a forma da curva, mas, ao inserir dados extremos, a distribuição eleva a probabilidade desses eventos, acomodando grandes flutuações.

De forma geral, as distribuições "L-estáveis" são generalizações do Teorema Central do Limite para a soma das variáveis aleatórias. Ao contrário da distribuição gaussiana, as distribuições "estáveis" não estimam, no segundo momento, se as variáveis serão finitas ou não, abstraindo do Teorema Central do Limite essa questão. Podemos dizer que a distribuição é estável caso a soma das variáveis possua a mesma distribuição das variáveis individualmente, caracterizando uma Lei de Potência.

As distribuições estáveis não são caracterizadas por uma fórmula, e sim, por quatro parâmetros: α, β, γ e δ. O parâmetro α (alfa) refere-se à estabilidade ou expoente característico, variando entre 0 e 2; $\alpha = 2$ corresponde a uma distribuição gaussiana. O β (beta) significa assimetria e varia entre –1 e 1. γ (gama) e δ (delta) são, respectivamente, os parâmetros de escala e de locação.

O parâmetro α determina a altura das caldas da distribuição e a curtose na locação γ. Dessa maneira, quanto menor for α, mais grossas serão as caudas da distribuição, permitindo flutuações maiores. As distribuições alfa-estáveis possuem caudas grossas quando $\alpha < 2$. Caso $\alpha < 1$ e $\beta = \pm 1$, as distribuições são monocaudais.

A partir da métrica α, Mandelbrot conseguiu estimar o tamanho da exposição ao risco dada à volatilidade do ativo. O α em questão permite identificar o quanto a distribuição se afasta de uma distribuição normal, e assim obter uma sensibilidade mais apurada do risco de mercado da oscilação do ativo. Em outras palavras, o α é uma medida de inclinação que retrata a dimensão fractal.

A dimensão fractal é a medida que identifica a relação de quantos objetos autossimilares magnificados podem ser contidos no objeto original. Caso a correlação mostre uma linha reta, então existe uma Lei de Potência que explica a correlação. A dimensão fractal permite a identificação da existência de Lei de Potência, dada pela relação:

$$P = n^D \quad (1)$$

Onde P são peças autossimilares; n é fator de magnificação ou Lei de Potência que rege a geometria; e finalmente D a dimensão fractal. Resolvendo em função de D, temos (BATISTA, 2006):

$$D = \frac{\log(P)}{\log(n)} \quad (2)$$

Nos estudos dos preços do algodão, Mandelbrot correlacionou, em escalas logarítmicas, o tamanho das mudanças nos preços (escala horizontal) e a frequência de cada mudança (escala vertical), representadas na Figura 2:

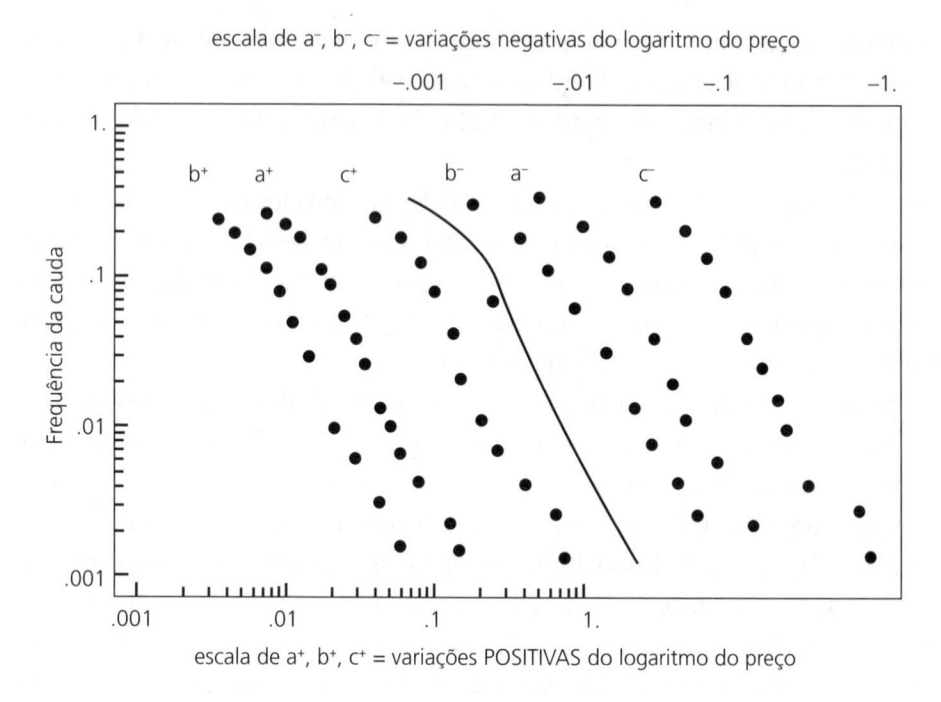

Figura 2: Dimensão fractal, estudos de preço do algodão.

Fonte: Mandelbrot (2004).

Dessa forma, Mandelbrot calculou a inclinação da linha reta, o α, de -1,7, negativo devido à característica descendente da linha. Por convenção, o α não pode ser negativo, então denominamos de 1,7; menor do que o α da distribuição normal ($\alpha = 2$), indicando uma Lei de Potência.

Para Mandelbrot, faltava ainda uma métrica que estimasse o grau de correlação e persistência da Lei de Potência nas séries temporais. O arcabouço teórico-matemático para isso foi emprestado pela metodologia empregada por Harold E. Hurst, que entre 1951-1956 publicou três estudos discorrendo sobre suas pesquisas da série histórica do rio Nilo para o dimensionamento de um reservatório, que permitisse a região do Nilo suportar os períodos de secas.

Nesse estudo, Hurst identificou que a amplitude entre as máximas e mínimas registradas do rio Nilo expandiam-se por uma Lei de Potência de 0,73 do desvio-padrão; diferentemente do que se imaginava se fosse assumido que as "cheias" e "secas" eram meras variáveis aleatórias (no caso 0,5 do desvio-padrão). Nesses estudos, Hurst identificou uma "dependência" nas sequências de eventos (cheias ou secas) do rio Nilo, sendo as cheias precedidas de outras cheias, e as baixas ocorrendo em períodos consecutivos de baixas. De fato, para Hurst, o importante era identificar a recorrência dos eventos, dados os níveis de metros cúbicos já presentes no rio, fazendo assim um reservatório que não transbordasse.

Mandelbrot já havia identificado esse comportamento persistente nas séries de preços do algodão. Dessa forma, Mandelbrot adaptou a metodologia de cálculo de persistência de Hurst nas análises de preços dos ativos.

Mandelbrot então intitulou o expoente H, em homenagem a Hurst, para identificar uma eventual persistência em séries de preços. Se H for maior que 0,5 (medida do movimento browniano), verifica-se uma evidência de um movimento persistente da série temporal. Por outro lado, se H for menor que 0,5, é uma demonstração de que o preço tende a ter movimento antipersistente, ou seja, o preço tende a oscilar de maneira oposta à penúltima oscilação.

Assim, Mandelbrot desenvolveu duas ferramentas matemáticas de análise da "fractalidade" em séries temporais: o α da distribuição e o expoente H. Dessa forma, temos o α como sendo uma medida de grandeza de quão arriscado é o ativo (quanto menor for o α, mais "gordas" serão as extremidades da distribuição); e o expoente H indicando a existência de persistência, e assim, uma Lei de Potência específica, diferente do apresentado nas distribuições normais, identificando o comportamento do preço dos ativos.

Mandelbrot (2004), para efeito didático, nomeia os efeitos evidenciados pelo α da distribuição e pelo expoente H como sendo, respectivamente, o Efeito Noé e o Efeito José. A analogia alude aos efeitos de α sentidos na distribuição, como sendo a grande inundação citada na Bíblia (o Dilúvio e a Arca de Noé), representando, em finanças, as quedas críticas e imprevisíveis do Mercado Financeiro que distanciam a distribuição normal. Já o Efeito José pode ser traduzido pelo movimento persistente dos períodos de vacas gordas e de vacas magras, ou seja, os movimentos de dependência duradoura de altas e de baixas nos preços. Destarte, Mandelbrot desenvolveu uma nova métrica estatística de análise não paramétrica, segregando esses dois efeitos, chamado de *rescaled range analysis*, ou análise R/S.

De fato, esses efeitos indicam que H é igual a $1/\alpha$. Na hipótese de H ser igual a 0,5 significa um movimento browniano (ou seja, distribuição normal); se H é igual a 0,5, α é igual a 2 (curva normal).

Mandelbrot enfatiza que essa correlação entre Efeitos Noé e José desencadeia a ruptura dos preços. Por exemplo, após uma tendência gradativa de alta do preço de um ativo, a ruptura subsequente pode ser mais rápida. Assim, um Efeito José pode desencadear um Efeito Noé.

Esses efeitos foram identificados em alguns trabalhos acadêmicos, como o estudo de Ribeiro *et alii* (2002), intitulado *Estrutura Fractal em Mercados Emergentes*, em 2002. Nesse estudo, com os principais índices de mercado dos países em desenvolvimento, foi identificado que os mercados emergentes apresentaram valores de α menores do que observados em mercados desenvolvidos.

Devido ao seu caráter mais realista do entendimento do Mercado Financeiro, a Teoria Fractal proporcionou um crescimento de material teórico ao longo dos anos. Peters (1994) sintetizou o desenvolvimento da Hipótese de Mercados Fractais, que se contrapõe à HME, base da Moderna Teoria Financeira, desenvolvida por Fama. De acordo com Peters, a Hipótese de Mercados Fractais (HMF) possui as seguintes premissas: (i) o mercado bursátil é composto de inúmeros indivíduos com grande número de horizontes de investimentos diferentes; (ii) a informação impacta de maneira diferenciada os individuais horizontes de investimento; (iii) a estabilidade do mercado de maneira ampla se dá na mesma proporção de sua liquidez (estabilidade de demanda e oferta, a liquidez no mercado é válida a partir do momento em que os investidores com diferentes horizontes de investimento interagem entre si); (iv) os preços são a resultante da combinação das estratégias de análise técnica de curto prazo com análise fundamentalista de longo prazo; e (v) se o ativo não tem qualquer vínculo com o ciclo econômico, então não haverá tendência de longo prazo (dessa forma, as análises de curto prazo e liquidez são importantes para a avaliação dos ativos com vínculo com o ciclo econômico).

De acordo com Weron (2000), a HMF tem como objetivo fornecer um modelo que suporte o comportamento do investidor e os movimentos dos preços do ativo em momentos de instabilidade no mercado. Peters descreve que, em períodos de estabilidade, a HME e o CAPM funcionam razoavelmente bem, mas, em momentos de instabilidade e caos do mercado, as regras se alteram enfraquecendo a análise ortodoxa dos mercados.

Podemos observar que a HMF introduz a ideia de heterogeneidade do horizonte de investimento, aproximando-se dos princípios das finanças comportamentais sobre a individualidade dos investidores e da irracionalidade dos agentes no momento da tomada de decisão.

Conclusão

Segundo John Maynard Keynes, *apud* Bernstein (1997), "quando o desenvolvimento do capital de um país se torna subproduto das atividades de um cassino, o serviço provavelmente será malfeito". Apesar de todo o seu requinte, a observação empírica expõe a fragilidade dos pressupostos da Moderna Teoria Financeira. As crises econômicas recorrentes e a incapacidade de prevê-las e evitar as grandes perdas decorrentes põem em xeque a aptidão do modelo atual de gestão de risco, evidenciando a necessidade de aperfeiçoamento do modelo.

Nesse contexto, a análise fractal emerge como uma alternativa apropriada, por fornecer maior robustez aos elementos de gestão de risco, a partir de premissas mais verossímeis. O entendimento apurado das oscilações do Mercado Financeiro e de identificações de padrões de persistência nas séries históricas permite a criação de políticas eficazes na identificação do risco de mercado, assim como uma refinada métrica da quantificação da exposição ao risco, conferindo maior precisão no controle dos riscos assumidos.

Destarte, tomando por base os elementos de convicção supramencionados, concluímos que nossa suposição inicial de que o comportamento fractal dos mercados é capaz de permitir uma modelagem mais acurada que a Hipótese dos Mercados Eficientes para explicar os movimentos de preços foi ratificada.

Adicionalmente, recomendamos que os agentes do mercado atentem mais diligentemente para o tema, revisitando suas bases e promovendo o aperfeiçoamento da metodologia empregada para controle dos riscos assumidos. Vale ressaltar a urgência dessa revisão, em virtude das recentes crises que levaram o capitalismo à beira de um colapso e impuseram severas perdas a investidores, instituições financeiras e nações.

Embora nossa suposição tenha sido confirmada, o presente estudo não esgota o assunto, mas abre espaço para discussão e desenvolvimento de novas pesquisas. Portanto, sugerimos a realização de novos estudos sobre a aplicação da Teoria dos Fractais aos Mercados de Capitais de diferentes países, a fim de verificar se os retornos realmente seriam mais bem descritos pela distribuição alfa-estável ou distribuição fractal.

Referências bibliográficas

ARIELY, D. *Predictably irrational*: The hidden forces that shape our decisions. New York: Harper, 2008.

BARCELLOS, A. "The fractal dimension of Mandelbrot". In: *The College Mathematics Journal*, 15(2), 1984, p. 98-114.

BATISTA, C. *Métodos emergentes de física-estatística aplicados a séries temporais*. Dissertação de Mestrado apresentada ao Departamento de Estatística e Informática. Universidade Federal Rural de Pernambuco, 2006.

BERNSTEIN, P. L. *Desafio aos deuses:* a fascinante história do risco. [Trad. Ivo Korylowski]. 21. ed. Rio de Janeiro: Elsevier, 1997.

BRITO, O. S. *Gestão de riscos*: uma abordagem orientada a riscos operacionais. São Paulo: Saraiva, 2007.

"GESTÃO de risco no novo mundo". In: *Revista Harvard Business Review*, São Paulo, v. 87, n. 10, out. 2009, p. 47-54.

KAHNEMAN, Daniel. "Maps of bounded rationality: psychology for behavioral economics". In: *The American Economic Review*, December 2003, p. 1449-1473.

KIMURA, H. et alii. *Value-at-Risk*: como entender e calcular o risco pelo VaR: Uma contribuição para a gestão no Brasil. Ribeirão Preto: Inside Books, 2008.

LIMA, I. S. et alii. *Curso de mercado financeiro* – tópicos especiais. 1. ed. 2. reimpr. São Paulo: Atlas, 2007.

MANDELBROT, B.; HUDSON, R. L. *Mercados financeiros fora de controle*. Rio de Janeiro: Elsevier, 2004.

PEREIRA, J. M. "Gestão do risco operacional: uma avaliação do novo acordo de capitais – Basileia II". In: *Revista Contemporânea de Contabilidade*, ano 3, v. 1, n. 6, Jul/Dez, 2006, p. 103-124.

PETERS, E. E. *Chaos and order in the Capital Markets*: a new view of cycles, prices, and market volatility. New York: John Wiley & Sons, Inc., 1991.

PETERS, E. E. *Fractal market analysis*: applying chaos theory to investment and economics. New York: John Wiley & Sons, Inc., 1994.

RIBEIRO, T.; LEAL, R. *Estrutura fractal em mercados emergentes*. [Coleção COPPEAD de Administração da Universidade Federal do Rio de Janeiro (UFRJ)], 2002, p. 97-108.

WERON, A.; WERON, R. "Fractal market hypothesis andt power-laws". In: *Chaos, solitions and fractals*. Rio de Janeiro: Elsevier, 2000, p. 289-296.

Site visitado

Swissinfo.ch: Notícias da Suíça para o mundo. Governos gastam quase US$ 10 trilhões com a crise. Disponível em: <www.swissinfo.ch/por/specials/crise_financeira/Governos_gastam_quase_US$_10_trilhoes _com_a_crise.html?cid=846172>. Acesso em: 23 jul. 2010.

CAPÍTULO 5

Teorias do caos e da complexidade: um novo paradigma do mercado financeiro?

Carlos José Guimarães Cova, Maurício Corrêa de Souza
e Walter Duarte de Araújo

O problema da pesquisa

As técnicas tradicionais de avaliação de carteira, avaliação de risco e de precificação de ativos, sejam essas matemáticas ou gráficas, estão pautadas na premissa da Hipótese dos Mercados Eficientes. Uma observação mais apurada mostra que existem descasamentos entre o movimento real do mercado e a expectativa teórica pautada por análises tradicionais.

Estas oscilações, entre o comportamento esperado e o ocorrido, nos levam a crer, inicialmente, que existem fatores exógenos às simples relações estatísticas entre preços de um ativo e sua correlação com outros ativos e índices.

Essas distorções também podem ser constatadas por meio da verificação das falhas na repetição de padrões nos ciclos do comportamento de ativos, nos quais eventualmente os padrões gráficos presentes no passado se reproduzem da mesma forma no presente, permitindo que surjam diversas sinalizações de tendências. Atualmente, as previsões no Mercado Financeiro são realizadas por meio da Análise Técnica (fundamentada na Teoria de Dow), assim como previsões de Análises Fundamentalistas (baseadas em análises de informações e demonstrações financeiras). Contudo, os fatos demonstram que os modelos de previsão têm falhado recorrentemente, em virtude de não mostrarem uma boa aderência ao comportamento dos preços no mundo real, ou seja, por mais elaborados que sejam os modelos, ainda não conseguem refletir com eficácia a realidade intratável que pretendem estilizar.

Não obstante, existe uma corrente de pensamento que supõe ser o campo de conhecimento relativo às Teorias do Caos e da Complexidade, associado às Finanças Comportamentais, capaz de nos ajudar a entender melhor os elementos que proveem dinamismo ao mercado, assim como nos auxiliar na busca da predição do comportamento de séries temporais de dados.

Nesse sentido, Soros (2008) nos oferece uma importante contribuição para a compreensão de parte da complexidade evidenciada pelo comportamento dos mercados, já que tenta, há algumas décadas, confrontar o *mainstream* do pensamento econômico. Entretanto, sua concepção acerca da dinâmica de funcionamento dos mercados encontra um forte preconceito no meio acadêmico. Não obstante, conforme procuramos demonstrar, suas explicações possuam uma coerência lógica que não desabona academicamente a construção idealizada. Soros inicia suas explanações com uma forte declaração, realizada no bojo dessa crise financeira que se manifesta nos mercados desde o evento dos títulos *subprime*, em agosto de 2007, que se *agudizaram* ao longo de todo o ano de 2008: "Não podemos nos furtar à conclusão de que tanto as autoridades financeiras quanto os participantes do mercado têm ideias fundamentalmente erradas sobre o funcionamento dos mercados. Essas ideias se manifestam não apenas como incapacidade de entender o que está acontecendo; também são a causa dos excessos que estão na raiz do presente caos nos mercados financeiros".

Soros procura demonstrar que o sistema financeiro global foi construído com base em premissas falsas. Tal proposição é aparentemente chocante, conforme diz Soros, mas ela é inerente a todos os constructos humanos. Essa análise está fundamentada no fato de que a compreensão que o homem possui acerca do universo é imperfeita, pelo fato de que ele é parte desse mesmo universo que tenta compreender. Assim, segundo Soros, os agentes econômicos, devidamente municiados com seus conhecimentos imperfeitos, interagem com a realidade de duas formas:

- a partir de uma tentativa de compreender o mundo em que vivem, fato que ele denomina função cognitiva; e
- por meio da tentativa de causar impacto no mundo, por ele denominada como sendo a função manipulativa.

A ideia de que essas funções pudessem operar isoladamente atenderia perfeitamente os objetivos de um investigador da realidade, pois seus entendimentos acerca dela poderiam ser qualificados de conhecimento e suas ações poderiam ter o resultado que ele pretendesse.

A questão que se apresenta decorre do fato de que essas duas funções operam de forma simultânea e interferem uma na outra. Para que a função cognitiva possa gerar conhecimento, ela deve considerar os fenômenos sociais como entidades independentes, pois dessa forma esses fenômenos se qualificam em fatos aos quais as observações efetuadas podem corresponder. Analogamente, as decisões devem se basear no conhecimento para atingir os resultados pretendidos. Quando essas funções atuam de forma interdependente, o fenômeno deixa de se constituir exclusivamente de fatos e também passa a incorporar as intenções e expectativas sobre o futuro. O passado é passível de determinação, mas o futuro vai depender das esperanças dos atores envolvidos no contexto. Assim, esses agentes não são capazes de basear suas decisões no conhecimento, pois devem lidar com dados do presente, do passado e ainda com possibilidades que dizem respeito ao futuro. O impacto das intenções e das expectativas acerca do futuro nos fenômenos sociais cria uma relação de dupla via entre o pensamento dos agentes e a situação da qual eles participam. Esse fato acarreta um efeito deletério para ambos, pois introduz um elemento de incerteza no curso dos acontecimentos e impede que as percepções dos participantes possam ser qualificadas de conhecimento.

Soros designou essa interferência de dupla via como sendo o fenômeno da reflexividade. As situações reflexivas são caracterizadas pela ausência de correspondência entre as visões dos participantes acerca da realidade e o real estado da natureza. Tal consideração nos remete à reflexão acerca de nossas limitações de percepção e mesmo de compreensão de uma realidade complexa que nos envolve. Assim, a análise de comportamento de séries de retornos e de volatilidade desses retornos pode ser carregada desses vieses de percepção.

Corroborando essas considerações sobre o comportamento dos mercados, vemos em Taleb (2007), ainda que de uma maneira menos formal, uma convergência de pensamento com as proposições de Soros. Esse autor designa por platonismo a tendência que os indivíduos possuem de acreditar que compreendem mais do que realmente compreendem. Isso não quer dizer que os modelos e construções, ou seja, os mapas intelectuais da realidade estejam sempre errados. Eles estariam errados apenas em algumas aplicações específicas. O problema decorre do fato de que não se sabe de antemão onde esses mapas estariam errados, pois o erro só seria conhecido após sua manifestação, sendo agravado pelo fato de trazer consigo consequências penosas. Taleb designa esse evento como sendo uma dobra platônica, que representa a fronteira na qual a mente platônica entra em contato com a realidade confusa.

Taleb propõe que a mente humana é afetada por três problemas quando entra em contato com a história: a ilusão da compreensão; a distorção retrospectiva; e a supervalorização da informação factual.

A ilusão da compreensão é a tendência dos indivíduos a acreditarem que compreendem um mundo que é mais complexo do que são capazes de perceber. A distorção retrospectiva decorre da percepção de que apenas é possível abordar determinado assunto após o mesmo ter ocorrido, o que faz com que a história pareça mais clara do que a realidade empírica. A supervalorização da informação factual ocorre porque os agentes que acumulam determinados conhecimentos tendem a incluí-los em categorias, distorcendo a visão do conjunto.

O problema que se apresenta neste trabalho consiste em responder a seguinte indagação: existem evidências de que as Teorias do Caos e da Complexidade constituem-se em um corpo doutrinário capaz de alterar convicções do paradigma dominante na Teoria Financeira?

A suposição inicial dos autores aponta para a existência de inconsistências no paradigma atual regido pela Moderna Teoria Financeira, manifestadas pela comprovação empírica e pela abordagem diferenciada sugerida pelas Teorias do Caos e da Complexidade, constituindo-se em uma alternativa mais aderente à realidade.

A violação da hipótese dos mercados eficientes

A Hipótese dos Mercados Eficientes (HME) foi acolhida majoritariamente pelo *mainstream* dos doutrinadores de Finanças Corporativas e Mercados Financeiros. Essa hipótese está fundamentada em uma simplificação da realidade, que, uma vez acolhida, torna confortável a análise. Fama *et alii* (1972) estabeleceram as seguintes hipóteses (condições suficientes para que exista um mercado eficiente):

(i) não existência de custos de transação;
(ii) todas as informações estão disponíveis a todos os investidores a um custo zero; e
(iii) todos os investidores concordam sobre as implicações das informações atuais sobre os preços atuais e sobre a distribuição dos preços futuros de cada ativo, ou seja, os investidores têm expectativas homogêneas.

De acordo com esse pensamento, o mercado é capaz de transmitir imediatamente para os preços dos ativos todas as informações relevantes. Contudo, não seria possível prever um movimento de preços no futuro, porque até uma eventual tendência já estaria refletida nos preços correntes. Assim, uma variação de preços no futuro, para mais ou para menos, teria a mesma probabilidade de ocorrer que um movimento no sentido contrário, configurando um passeio aleatório. Segundo Damodaran (1997):

"a eficiência do mercado não exige que o preço de mercado seja igual ao valor real a cada instante. Tudo que requer é que os erros no preço de mercado não sejam tendenciosos, ou seja, que os preços possam ser maiores ou menores do que o valor real desde que estes desvios sejam aleatórios. Isso implica que, de uma maneira grosseira, haja uma probabilidade igual de que uma ação esteja sub ou superavaliada em qualquer instante de tempo, e que estes desvios não sejam correlacionáveis com qualquer variável observável (...) e que nenhum grupo de investidores seja capaz de consistentemente encontrar ações sub ou supervalorizadas utilizando qualquer estratégia de investimento".

Galvão *et alii* (2006) assinalam que o paradigma tradicional da HME que explica o comportamento dos mercados financeiros está baseado na suposição de que o comportamento dos preços segue um comportamento de processo estocástico de tempo contínuo denominado processo de Wiener, que possui três importantes propriedades:

- a distribuição de probabilidade de valores futuros depende apenas dos valores presentes;
- os incrementos são independentes entre si; e
- as variações de preços dentro de um intervalo obedecem a uma distribuição normal e não possuem relação entre si, de forma que o seu conjunto compõe uma sequência de variáveis aleatórias independentes com semelhante distribuição.

Não foi difícil associar essas distribuições de probabilidades à distribuição gaussiana, ou normal, pois a própria noção do Teorema Central do Limite permite que seja feito esse direcionamento. Assim, se os preços seguem um passeio aleatório, as chances de uma antecipação correta de seus movimentos são de 50%, ou seja, tanto se pode perder em metade das vezes, quanto se pode ganhar, na outra metade. Isto faz com que uma estratégia de gestão de carteiras seja inócua, devendo o gestor apenas se conformar em buscar uma posição que maximize a *performance* de risco e retorno, devendo, a partir daí, manter-se nessa posição e deixar que o crescimento natural do mercado no longo prazo se encarregue de recrudescer o volume de riqueza.

Faz-se curioso observar, conforme nos informa Gleiser (2002), que o precursor do uso de modelos estocásticos para analisar os preços de ativos foi Louis Bachelier, um matemático francês, em sua tese de doutorado intitulada *Théorie de la Speculation*, defendida em 1900. Suas conclusões ficaram esquecidas por décadas, até que os modelos estocásticos foram introduzidos no estudo da Econometria e sua proposta foi incluída na agenda das Ciências Econômicas. Dentre as hipóteses nas quais Bachelier fundamentava sua teoria dos movimentos de preços, destacam-se:

(1) as variações sucessivas dos preços são independentes;
(2) os preços seguem um comportamento característico de mercado perfeito; e
(3) os preços competitivos seguem um passeio ao acaso.

Não obstante, a Hipótese dos Mercados Eficientes tem sido contestada com bastante veemência em razão de seu falseamento empírico recorrente. Gleiser ainda registra que Benoit Mandelbrot, um matemático que se especializou na Teoria dos Fractais, observou que o comportamento dos preços nos mercados financeiros não obedecia aos padrões esperados de uma distribuição de probabilidade "bem comportada".

Os testes empíricos que não comprovam a eficiência do mercado evidenciam fenômenos genericamente denominados de anomalias, tais como o Efeito Fim de Semana, o Efeito Janeiro, distorções com base no índice Preço/Lucro, distorções com base no índice Preço/Valor Contábil e o Efeito Tamanho. Cada uma dessas anomalias viola a HME em um caso específico e, portanto, convencionou-se assim denominá-las e não invalidar toda a teoria. Esse processo é similar ao descrito por Kuhn (2003) em que o patrimônio de conhecimento adquirido resiste a mudanças bruscas, até que se torne efetivamente insustentável e surjam alternativas mais apropriadas para explicar os fenômenos empíricos.

A Moderna Teoria Financeira se fundamenta na suposição de que os preços não são previsíveis, mas suas flutuações podem ser descritas por leis matemáticas da probabilidade e, sendo assim, o risco seria mensurável e gerenciável. O problema reside no fato de que esta suposição considera que a curva normal seria capaz de descrever com perfeição o comportamento das variações dos preços nos mercados financeiros e que essas variações seriam independentes umas das outras.

Mandelbrot identificou várias inconsistências na Hipótese dos Mercados Eficientes. Ele observou os movimentos diários do *Dow Jones Industrial Average* e constatou que suas variações de preços não tinham aderência a uma curva normal, pois as extremidades da distribuição registravam grande quantidade de variações intensas. Se a distribuição fosse normal, aplicando-se a teoria, variações do índice superiores a 3,4% apenas poderiam ocorrer em um total de 58 dias, durante todo o período considerado. Não obstante, registraram-se variações dessa ordem em 1001 dias. Outra constatação mais dramática: oscilações diárias acima de 7% apenas poderiam ocorrer a cada 300 mil anos, mas no século XX foram registradas 48 ocorrências com essa magnitude. Tais ocorrências, longe de justificarem empiricamente uma distribuição normal, evidenciavam que os movimentos de preços obedeciam a uma espécie de "Lei de Potência", ou seja, eles evidenciavam variações para mais ou para menos com uma distribuição de frequência de curtose elevada.

Mandelbrot também fez duras críticas ao modelo original desenvolvido por Bachelier, em virtude de os dados analisados terem sido insuficientes para qualquer generalização, bem como pelo fato de os preços evidenciarem descontinuidades. Mandelbrot alega, entre outros motivos, que ocorrem alterações nas variáveis que formam o preço quando as negociações em bolsa permanecem fechadas, de forma que, quando o mercado é novamente aberto, podem ocorrer variações bruscas que traduziriam uma descontinuidade na série de preços.

Mandelbrot vai além das críticas ao modelo de Bachelier. Ele acusa alguns economistas de enquadrarem (a despeito das evidências contrárias) as séries de preços de ativos aos comportamentos gaussianos. Para conseguir seu intento, esses economistas adeptos da distribuição normal se valeriam de três métodos:

1º separar as grandes variações de preços, que podem causar descontinuidades na série, sob a alegação de serem componentes não estocásticos, ao passo que as pequenas variações seriam analisadas como obedecendo a um comportamento gaussiano;
2º empregar transformações lineares (soma e multiplicação) ou não lineares (por exemplo, a logaritmização) nas variáveis, de tal forma a encaixá-las no contexto gaussiano; e
3º considerar que os preços obedecem a um processo estocástico, só que com parâmetros incontroláveis, de forma a tornar o modelo *ad hoc* e incontestável.

O problema presente nos modelos derivados de Bachelier consiste na necessidade de supor que a média e a variância dos preços são finitas e estáveis. Para Mandelbrot, a natureza dos preços é não estacionária e, consequentemente, sua variância é infinita, o que permite sugerir uma distribuição de probabilidade na qual os eventos pudessem evidenciar flutuações bruscas e descontínuas, bem como tendências e ciclos, de forma a permitir explicar fenômenos tais como as crises da bolsa em 1929 e 1987 (e, mais recentemente, 2008).

Gleiser (2002) afirma que, atualmente, é bastante aceito o fato de que as distribuições de probabilidades de ativos financeiros são leptocúrticas, ou seja, têm média alta e caudas largas. Atribui-se a presença de caudas largas ao fato de que as informações que movimentam os preços no mercado surgem em blocos, e não de forma contínua. Isso faz com que as grandes variações de preços ocorram em pequenas quantidades de intensas magnitudes. Em oposição, em uma distribuição normal, uma grande variação ocorre devido a uma grande quantidade de pequenas variações. Uma vez que a distribuição de informações é leptocúrtica, a distribuição das variações de preços também deve ser.

O advento da admissibilidade das caudas largas para as técnicas aplicadas em finanças gerou uma grande implicação para a gestão do risco, em especial seu monitoramento e controle. Caso as caudas largas reflitam melhor o comportamento das variáveis financeiras, a probabilidade de eventos extremos pode ser muitas vezes maior do que com a distribuição normal. Nesse caso, a variância pode ser um indicador inadequado e potencialmente danoso, quando se deseja medir o risco de um portfólio de ativos.

Peters (1991) explica que as caudas largas decorrem da forma pela qual os investidores reagem às informações. Se os investidores reagissem imediatamente às novas informações com que se deparassem, os preços refletiriam sem demora essas informações, de forma que os eventos passados não teriam influência sobre os exemplos futuros. Porém, se os investidores esperarem que essas informações se transformem em tendências de mercado, ou seja, se eles aguardarem para descobrir o que os demais investidores farão diante dessas informações, elas passam a ter um período de memória, demorando um tempo para perder efeito. Esse tempo de espera é o que causa viés no suposto passeio aleatório, fazendo com que a ocorrência passada acabe influenciando os acontecimentos futuros. Isso significa que um modelo estocástico estacionário, nos quais sempre as mesmas variáveis são relevantes, não traduzem a melhor forma de se modelar o mercado.

Essa forma irregular com que os agentes econômicos assimilam as informações, postergando a tomada de decisão até que novas tendências apareçam com mais nitidez, pode acarretar um viés no passeio aleatório. Esses comportamentos de passeios aleatórios enviesados foram extensamente estudados por Hurst, na década de 1940, e por Mandelbrot, nas décadas de 1960 e 1970. Gleiser (2002) lembra que as distribuições de probabilidade derivadas das séries temporais estudadas foram denominadas por Mandelbrot como sendo distribuições fractais, por serem estatisticamente autossimilares em relação ao tempo.

Aspectos caracterizadores da complexidade e caos

A abordagem de alguns problemas mais difíceis e fascinantes que desafiam a compreensão dos pesquisadores está empregando uma nova disciplina: a Teoria dos Sistemas Complexos. Em campos tão distintos quanto a origem da vida, a evolução das espécies, o funcionamento do sistema imunológico e o funcionamento do sistema nervoso central, verificam-se algumas características comuns. Será que de fato existiriam essas características comuns? Existiriam leis universais de complexidade? A Tabela 1 apresenta algumas das características dos sistemas complexos que podem ser encontrados, por exemplo, no comportamento de preços de ativos nos Mercados Financeiros.

Tabela 1: Sistemas complexos adaptativos

Característica	Descrição
Sistema dinâmico	Está em evolução constante e é formado por um grande número de unidades, que interagem com certo número de outras unidades. É aberto e não linear. Cada unidade produz uma resposta aos sinais que recebe de outras, que não é proporcional ao estímulo recebido, e que pode ser excitatório ou inibitório.
Frustração	Considerando-se que os sinais recebidos de unidades diferentes podem ser contraditórios, as respostas não satisfarão a todas as entradas, frustrando algumas delas.
Aprendizado	O sistema é adaptativo em sua constante evolução, em função da experiência adquirida por sua interação com o ambiente. É a sua mais importante característica e a que torna mais difícil o tratamento matemático, pois a própria arquitetura do sistema também vai mudando, à medida que ele evolui.
Aleatoriedade	Algumas características do sistema são distribuídas ao acaso.
Ordem emergente	O sistema se auto-organiza de forma espontânea, criando ordem a partir de um estado desordenado.
Hierarquia	O sistema evidencia uma hierarquia entre suas partes inter-relacionadas.
Atratores múltiplos	Um atrator de um sistema dinâmico é uma situação para a qual muitos de seus possíveis estados iniciais tendem, após um tempo suficientemente longo.
Quebra de ergodicidade	Caracteriza-se pelo fato de que o sistema pode ficar em um determinado estado por bastante tempo, deixando de visitar outros estados da natureza. Seu comportamento mostra histerese, ou seja, dependência da história anterior.
Propriedades coletivas emergentes	Decorrem de múltiplas interações locais entre as unidades que formam o sistema, que passam por diferentes configurações, por meio de efeitos de competição e cooperação, e são qualitativamente novas, próprias do sistema como um todo.
Estrutura fractal	São estruturas geométricas de dimensão fracionária, que possuem autossimilaridade em todas as escalas. Isso faz com que ocupem uma dimensão maior do que uma curva usual, de dimensão unitária, porém menor do que uma área bidimensional.
Sensibilidade às condições iniciais	Um desvio pequeno das condições iniciais pode ser amplificado exponencialmente pela evolução do sistema, produzindo um resultado muito diferente.

Fonte: Adaptado de Nussenzveig (1999).

De acordo com Gleiser (2002), os termos Caos e Complexidade são fenômenos interconectos, contudo distintos. Há um amplo debate com relação ao significado técnico e o campo de influência dos dois fenômenos. Alguns sugerem que o Caos é uma teoria geral que engloba o estudo dos sistemas complexos. Outros argumentam exatamente o contrário, ou seja, que a Teoria do Caos é uma aplicação específica de uma teoria mais abrangente, que estuda os sistemas dinâmicos, denominada como Ciência da Complexidade. Outros não veem qualquer distinção entre os dois termos. A definição mais aceita pelos pensadores é a de que os dois fenômenos são complementares, haja vista que o estudo da Complexidade é o oposto do estudo do Caos.

A Complexidade compreende o estudo de como um sistema de equações muito complicadas pode gerar padrões de comportamento relativamente simples para determinados valores dos parâmetros. Por sua vez, a Teoria do Caos estuda como equações não lineares simples podem gerar um comportamento complexo. Dessa forma, verifica-se que o Caos não é equivalente à Complexidade. Os fenômenos complexos ocorrem exatamente no ponto crítico em que a transição para o caos se manifesta. Diz-se que um sistema em estado complexo está no limiar do Caos (*The Edge of Chaos*), na borda entre um comportamento periódico previsível e o comportamento caótico.

A Ciência da Complexidade tenta encontrar o que há de comum entre questões dos mais diversos campos de atuação humana. Gleiser (2002) lembra que Mitchell Waldrop inicia o seu livro *Complexidade, a ciência emergente no limiar da ordem e do caos* 2, com algumas perguntas que nos levam a refletir, tais como:

- Por que a Bolsa de Valores americana caiu mais de 500 pontos em um único dia, na famosa segunda-feira negra de outubro de 1987?
- Como a sopa primordial de aminoácidos e outras simples moléculas se transformaram na primeira célula viva há aproximadamente quatro bilhões de anos?
- Por que as células individuais começaram, há cerca de 600 milhões de anos, a formar alianças que dariam origem a organismos multicelulares, tais como algas marinhas, insetos e eventualmente seres humanos?
- Será que a incrível e precisa organização encontrada nas criaturas vivas é somente resultado de meros acidentes evolutivos? Ou será que havia algo mais acontecendo nestes últimos quatro bilhões de anos que Darwin não sabia?
- Afinal de contas, o que é a vida e o que é a mente?

O referido autor nos diz que a resposta para essas perguntas é: "ninguém sabe". O que se sabe é que os exemplos ora citados são casos de sistemas complexos nos quais grande número de agentes independentes interagem ativamente.

O fato é que essas inovações conceituais estão cada vez mais encontrando um fértil campo de aplicação nas operações com ativos nos Mercados Financeiros. Ruggiero (1997) registra o emprego de uma série de instrumentos de *trading* baseados em novos desenvolvimentos no campo dos sistemas complexos.

Um dos instrumentos para a tomada de decisão de compra e de venda de ativos está baseado em redes neurais artificiais. Uma rede neural artificial, tal como o cérebro humano, é composta por neurônios e sinapses. Os neurônios são os instrumentos de processamento do cérebro e as sinapses os conectam. Nessa rede neural simulada, os neurônios são chamados de nós, constituindo elementos simples que juntos adicionam valores de entrada multiplicados por coeficientes associados a eles, denominados pesos. Esses dados de entrada são associados a regras de decisão. As funções de decisão transportam esses valores para as regras de tomada de decisão.

Outra aplicação de modelos baseados em sistemas complexos são as operações de *trading* por meio do uso de Ondas de Elliot. Gleiser (2002) nos traz um relato da trajetória de Elliott. Em 1938, Ralph N. Elliott (1871-1948), um especialista em administração de cafeterias que havia estudado os segredos da Grande Pirâmide e as profecias de Melchi-Zedik, patenteou o que imaginava ser uma grande descoberta: o Princípio da Onda, que afirmava que todas as atividades humanas se davam em cinco ondas do mesmo formato, que se repetiam em escalas cada vez menores. Elliott aplicou sua teoria a diversas áreas em economia e finanças, sendo até hoje empregada por muitos *traders* no mercado financeiro para tentar prever o seu comportamento.

Ruggiero (1997) registra que a teoria das ondas de Elliott é baseada na premissa de que os mercados se movem por meio de relações e padrões que refletem a natureza humana. O modelo clássico de padrões de ondas de Elliott consiste em dois diferentes tipos de ondas: uma sequência de cinco ondas, chamadas de ondas de impulso, e uma sequência de três ondas, chamadas de ondas corretivas.

Assim como as redes neurais e as ondas de Elliott, muitos sistemas complexos adaptativos têm sido aplicados aos diversos campos do conhecimento, obtendo desempenho superior para explicar seus fenômenos. Dentre os diversos sistemas, o que tem apresentado maior pertinência e aplicação no comportamento do Mercado Financeiro é a Estrutura Fractal.

A teoria fractal

Passemos a caracterizar as estruturas fractais às quais se referiu Mandelbrot. Segundo Berti (2008), "Fractais – do latim *fractus*, fração, quebrado – são figuras da geometria não euclidiana". Em Nussenzveig (1999), encontramos o registro de que os fractais são conjuntos cujas formas são bastante irregulares ou fragmentadas e que possuem a mesma estrutura em todas as escalas. As principais propriedades que caracterizam e permitem definir os conjuntos fractais são:

(1) a autossimilaridade, que pode ser exata ou estatística, ou seja, o sistema é invariante (mantém a mesma forma e estrutura) quando submetido a uma transformação de escala (uma transformação que diminui ou amplia um objeto ou parte dele);
(2) a existência de extrema irregularidade no sentido da rugosidade (não suavidade) ou fragmentação; e
(3) possuir, em geral, uma dimensão fractal não inteira.

Conforme ensina Peters (1991), o desenvolvimento da geometria fractal tem sido uma das descobertas mais úteis e fascinantes do século XX na área da matemática. Com os fractais, os matemáticos criaram um sistema que descreve as formas naturais em termos de algumas regras simples. A complexidade emerge dessa simplicidade. Os fractais fornecem uma estrutura para a complexidade dos sistemas complexos e proporcionam beleza ao caos. A constatação da existência de sistemas dinâmicos não lineares aumenta o interesse por fractais. A maioria das formas naturais e das séries temporais são mais bem descritas por meio de fractais.

Peters (1994) faz menção ao trabalho de West e Goldberger, que tratam de estudos sobre estruturas em forma fractal, presentes no pulmão de mamíferos, geradas pela natureza, afirmando serem essas mais tolerantes a erros em sua criação que estruturas simétricas.

Não obstante, se adaptarmos esse conceito a partir de uma estrutura estática (do pulmão) para uma estrutura dinâmica, como o mercado de ações, é possível verificar alguns aspectos interessantes com relação ao "horizonte de investimento". O mercado é composto de investidores, que variam seus perfis do curto ao longo prazo. Cada um tem um horizonte de investimento diferente dos demais, os quais podem ser ordenados no tempo.

Um mercado estável é aquele em que todos os participantes podem negociar um com o outro, cada um enfrenta o mesmo nível de risco dos outros, ajustados para a sua escala de tempo ou horizonte de investimento. Constatamos que a distribuição de frequência dos retornos é a mesma para os investidores que fazem seus *trades* diária, semanal ou trimestralmente, uma vez que o ajuste é feito por escala. Ou seja, *traders* que fazem operações a cada cinco minutos enfrentam o mesmo risco que *traders* que mudam suas posições semanalmente. Mesmo que os *traders* percebam uma queda em sua escala de tempo, como um evento de quatro sigmas, o mercado pode permanecer estável para outros *traders* que possuam horizontes de tempo diferentes, os quais veem essa falha como uma oportunidade de compra. Assim, o mercado permanece estável porque não tem escala de tempo de característica geral, assim como o pulmão não tinha escala de diâmetro característico. Quando o mercado reduz seu horizonte de investimento, todos se tornam investidores de curto prazo (investidores que perderam a fé na informação a longo prazo), tornando o mercado errático e instável. Portanto, o mercado pode absorver os choques, enquanto mantém a sua estrutura fractal. Quando se perde essa estrutura, a instabilidade se alonga a todos os horizontes de investimento.

Peters (1991) afirma que uma das características mais importantes dos fractais é a autossimilaridade, verificável no mundo real, significando que o objeto ou o processo estatisticamente é similar em escalas diferentes, sejam estas espaciais ou temporais. Cada escala remonta a outras escalas, mas não são idênticas. Como os diferentes galhos de uma árvore que são qualitativamente autossemelhantes a outros galhos, embora cada um seja também único.

Uma característica da Geometria Euclidiana reside no fato de que todas as suas dimensões são representadas por números inteiros. Assim, as linhas possuem uma dimensão, os planos possuem duas dimensões e os sólidos têm três dimensões.

A dimensão fractal caracteriza como o objeto preenche o espaço. Além disso, ela descreve a estrutura do objeto e como seu fator de ampliação, ou escalas, é alterado. Para fractais físicos ou geométricos, essa lei de escala ocorre no espaço. Ao passo que para uma série temporal fractal estatística, essa lei de escala ocorre no tempo.

A dimensão fractal de uma série temporal nos mostra o quanto irregular no tempo ela é. Como seria de se esperar, uma linha reta tem uma dimensão fractal de 1, o mesmo valor obtido por meio do uso da dimensão euclidiana. Uma série de tempo aleatório tem uma dimensão fractal de 1,50. Um método rápido para o cálculo da dimensão fractal consiste em envolver uma curva com círculos de raio r. Dessa forma poderíamos contar o número de círculos necessários para cobrir a curva e então aumentarmos o raio. Quando fazemos isso, encontramos o número de círculos nas escalas da seguinte forma:

$$N = (2*r).d = 1 \quad (1)$$

onde:
N = número de círculos
r = raio
d = dimensão fractal

As séries que se comportam de modo linear se apresentam como uma linha reta, então sua dimensão fractal seria igual a 1. Ao passo que séries que demonstram um passeio aleatório possuem chances de 50% de se apresentarem tanto de forma ascendente ou descendente, daí a sua dimensão fractal ser de 1,50. No entanto, se a dimensão fractal estiver situada entre 1 e 1,5, a série temporal é mais que uma linha e menos que um passeio aleatório. Ou seja, é mais suave que um passeio aleatório, embora mais irregular que uma linha.

$$d = \log(N) / \log(1/(2*r)) \quad (2)$$

Após essas considerações começarem a ser realizadas por Mandelbrot, várias constatações empíricas foram feitas a partir das séries temporais de preços de ativos em diversos Mercados Financeiros. Nessas análises, emergia a demonstração factual de que os mercados não se comportavam como sistemas de passeios aleatórios.

Conclusão

Os estudos realizados, com base em diversos autores, revelam que o arcabouço teórico no qual está pautada a Moderna Teoria Financeira foi de vital importância na busca da sistematização do conhecimento em finanças.

Entretanto, há que se considerar o incremento constante na velocidade de propagação da informação, característica intrínseca dos tempos modernos, atrelada ao desenvolvimento da tecnologia e à necessidade de processamento dessa informação. Essas características nos impõem a necessidade de evolução do nosso pensamento e o desprendimento de modelos matemáticos e teóricos outrora suficientes para explicar a realidade. Ou seja, faz-se necessário promover e entender as mudanças de paradigmas que se apresentam.

Os estudos recentes demonstram a presença marcante de caldas longas na distribuição dos preços dos ativos, confirmando que eventos não esperados manifestam-se mais frequentemente do que predito por uma análise baseada na curva normal. Destarte, as Teorias do Caos e da Complexidade, associada às Finanças Comportamentais, têm muito a contribuir para a evolução do consenso vigente nos Mercados Financeiros, auxiliando em sua compreensão e até mesmo na predição de seu comportamento.

Concluímos, confirmando a suposição inicial dos autores e ratificando a existência de inconsistências no paradigma atual regido pela Moderna Teoria Financeira, que podem ser manifestadas pela comprovação empírica e pela abordagem diferenciada sugerida pelas Teorias do Caos e da Complexidade, o que as qualifica como uma alternativa à abordagem tradicional, apresentando maior aderência à realidade.

Como recomendação, cabe alertar o mercado para a instabilidade dos pilares da Moderna Teoria Financeira, norteadora das atividades financeiras realizadas por grande parte do mercado de maneira consensual. As anomalias reveladas pelos testes empíricos revelam a urgência do surgimento de um novo paradigma que explique os fenômenos mercadológicos de forma mais contundente.

As Teorias da Complexidade e do Caos e a Teoria Fractal abrem espaço para o desenvolvimento de inúmeras pesquisas e aplicações, notadamente em sistemas que não foram bem explicados à luz da abordagem tradicional orientada pelos preceitos da geometria euclidiana. O universo das finanças, por exemplo, constitui-se em um terreno fértil e ávido por ser explorado sob essa nova perspectiva. Assim, sugerimos o desenvolvimento de novas pesquisas ligadas à descoberta de padrões e leis razoavelmente simples que governam uma série de fenômenos complexos e vice-versa, como, por exemplo, o comportamento dos preços dos ativos em diversos mercados. Cabe, ainda, sugerir estudos que avaliem a validade do conceito de aleatoriedade dos preços e a sua possível submissão a modelos determinísticos calcados na Teoria Fractal.

Referências bibliográficas

DAMODARAN, Aswat. *Avaliação de investimentos*: ferramentas e técnicas para a determinação do valor de qualquer ativo. [Trad. de Bazan Tecnologia e Linguística]. Rio de Janeiro: Qualitymark Ed.,1997.

FAMA, Eugene F.; MILLER, Merton H. *The theory of finance*. Hinsdale, Illinois: Dryden Press, 1972.

GALVÃO, A. et alii. *Mercado financeiro*: uma abordagem prática dos principais produtos e serviços. Rio de Janeiro: Elsevier, 2006.

GLEISER, I. *Caos e complexidade*. Rio de Janeiro: Campus, 2002.

KUHN, Thomas S. *A estrutura das revoluções científicas*. 7. ed. São Paulo: Perspectiva, 2003.

NUSSENZVEIG, H. M. *Complexidade e caos*. Rio de Janeiro: Editora UFRJ/COPEA, 1999.

PETERS, Edgar E. *Chaos and order in the Capital Markets, a new view of cycles, prices, and market volatility*. New York: John Wiley & Sons, Inc., 1991.

_____. *Fractal market analysis: applying chaos theory to investment and economics*. New York: John Wiley & Sons, Inc., 1994.

RUGGIERO, M. A. *Cybernetic trading strategies*: developed a profitable trading system with state-of-the-art technologies. New York: Jonh Wiley&Sons Inc., 1997.

SOROS, Georges. *O novo paradigma para os mercados financeiros*: a crise atual e o que ela significa. Rio de Janeiro: Agir, 2008.

TALEB, Nassin Nicholas. *A lógica do Cisne Negro*: o impacto do altamente improvável. Rio de Janeiro: Best Seller, 2008.

CAPÍTULO 6

Estratégias de investimento no mercado de capitais brasileiro sob a ótica de Warren Buffett

Carlos José Guimarães Cova, Osil Tissot Bastos
e Aloísio Teixeira Machado

Introdução

A Hipótese de eficiência de Mercados (HME) constitui-se em um dos pilares da Moderna Teoria Financeira, embora sua validação empírica tenha sido colocada em xeque nas últimas décadas.

O aspecto mais importante decorrente da verificação da hipótese de eficiência do mercado consiste no fato de que, se ela existe, então não é possível ao investidor adotar alguma estratégia de seleção de ativos para conseguir obter uma performance superior a um portfólio de mercado, ou seja, uma carteira que represente o mercado como um todo, tais como os índices *Dow Jones* e Bovespa.

Bodie (2000) assinala que os gestores passivos de carteiras são aqueles que aceitam os preços dos ativos como sendo justamente estabelecidos; dessa forma, não seria necessário adotar qualquer estratégia de *trading* para maximizar o retorno do portfólio. Por sua vez, os gestores ativos são aqueles que montam estratégias de *trading*, na tentativa de antecipar os movimentos dos preços dos ativos e ganhar um prêmio adicional por essa gestão.

Por outro lado, existe uma evidência empírica interessante de gestão de carteiras que também envolve uma estratégia geral de constituição de portfólio. Trata-se da estratégia adotada por Warren Buffett, a qual consiste em escolher, para integrar a carteira, algumas poucas ações de empresas que apresentam sucessivos retornos consistentes, com enfoque no longo prazo. Ou seja, não se trata de fixar a carteira de mercado e aguardar, mas sim de escolher dentre as ações disponíveis aquelas que possuem características de fluxos de caixa e retornos com uma certa constância no tempo. O fato é que Buffett apresentou ganhos no seu portfólio bastante superiores ao mercado como um todo, durante o período de 30 anos analisado.

O problema que este artigo procura solucionar consiste em responder a indagação: os fundamentos da estratégia de Warren Buffett podem ser replicados no mercado de capitais brasileiro, com vantagens sobre uma estratégia de gestão passiva de carteiras?

A suposição inicial dos autores deste texto aponta no sentido de que a estratégia de Buffett pode ser replicável, e assim pode funcionar como um instrumento de gestão capaz de proporcionar ganhos superiores em uma estratégia de longo prazo.

Evolução histórica da teoria de formação de carteiras

O marco doutrinário inicial da teoria financeira relativa ao risco e retorno foi o trabalho seminal de Harry Markowitz (1952), com o artigo *Portfolio Selection*, publicado no *Journal of Finance*. O referido pesquisador foi o primeiro a estabelecer a relação entre o risco e o retorno de um ativo. Ele estabeleceu as bases conceituais que permitiram associar os aspectos da relação custo-benefício presente nas decisões envolvendo investimentos com alto risco, por meio da diversificação.

Empregando métodos matemáticos e estatísticos, Markowitz demonstrou que, sob certas condições, a adoção de uma estratégia de diversificação de portfólio permite diminuir a parcela de risco individual que cada ativo incorpora ao portfólio. Não obstante, a construção do arcabouço teórico relativo a essa área da economia financeira foi sendo ampliado paulatinamente com a contribuição de outros pesquisadores.

Em seu artigo *Liquidity Preference as Behavior Towards Risk*, James Tobin (1958), utilizando-se do modelo de Markowitz, ressaltou a importância do estudo da preferência pela liquidez, vislumbrando a incorporação de um ativo livre de risco à carteira. No bojo do mesmo trabalho, Tobin sugere uma estratégia de alocação de portfólio, que ficou conhecida como teorema dos dois fundos ou teorema da separação. De acordo com essa proposição, um investidor deveria se defrontar com duas decisões fundamentais na construção da sua carteira: 1ª – a escolha do ativo arriscado que deveria ser combinado com o ativo livre de risco (o que deixa implícito que os portfólios devem incluir o ativo livre de risco), 2ª – a proporção de cada ativo no portfólio (que deveria ser o reflexo do grau de aversão ao risco do investidor).

Uma grande contribuição foi feita por William Sharpe (1964) em *Capital Asset Prices: A Theory of Market Equilibrium under Conditions of Risk*. Sharpe, que era influenciado pelas ideias de Markowitz, partiu da premissa de que os investidores que se utilizavam da teoria da seleção de carteiras de Markowitz (valendo-se da relação existente entre as medidas estatísticas da média e variância com o retorno e o risco de uma carteira) compartilhavam das mesmas expectativas quanto aos retornos esperados, variâncias e covariâncias, embora possuíssem graus diversos de aversão ao risco, e que existiria um ativo livre de risco, com taxa de retorno R_f, com o qual poderiam tomar emprestado ou emprestar qualquer quantia, a essa taxa. Assim dava-se início ao que se denominaria *Capital Asset Pricing Model*, o CAPM. O modelo CAPM foi aperfeiçoado com a ideia de que os mercados financeiros seriam estruturas eficientes para a formação de preços dos ativos.

A Teoria dos Mercados Eficientes foi desenvolvida por Fama em 1970. Basicamente, ele concluiu que os preços das ações refletem imediatamente os efeitos gerados por novas informações que chegam ao conhecimento dos agentes no ambiente do mercado. Assim, os movimentos de preços não são previsíveis porque os mercados são eficientes, ou seja, os ativos são precificados tão logo as informações estejam disponíveis. Dessa forma, não há espaço para ganhos anormais acima da média do mercado, por meio da antecipação dos movimentos dos preços, haja vista que as informações que surgirão em qualquer instante no futuro ainda são desconhecidas e, portanto, não podem influenciar os preços. A vasta quantidade de trabalhos versando sobre a validade da Hipótese dos Mercados Eficientes (HME) sugere que essa seja um dos conceitos fundamentais em Teoria das Finanças mais discutido e contestado.

Sobre essa questão, vale lembrar o comentário de Paul Samuelson (Bernstein, 2008) no sentido de que não se deve aceitar a Hipótese dos Mercados Eficientes como dogma, embora ele acredite que a maioria dos casos de superação do mercado por uma gestão de carteiras é uma mera questão de sorte. Para Samuelson, as bolsas de valores exibem o que ele designa por microeficiência limitada, que se manifesta quando uma pequena minoria de investidores, dotada de recursos financeiros consideráveis, consegue obter ganhos operando no sentido contrário ao de uma enorme legião de apostadores do mercado, desinformados e impulsivos.

A Hipótese dos Mercados Eficientes (HME)

Em meados do século passado, os múltiplos pesquisadores de finanças não conseguiam estabelecer qualquer padrão previsível nos preços das ações, pois verificavam que as suas oscilações evoluíam aleatoriamente, fazendo com que o mercado parecesse irracional. No entanto, a partir dos trabalhos de Markowitz, surgiram algumas evidências no sentido de que o comportamento dos preços nos mercados assemelhavam-se a um movimento browniano, ou passeio aleatório (*random walk*), de tal forma que se tornou possível investigar o comportamento dos preços à luz do instrumental estatístico tradicional. O passo seguinte consistiu no estabelecimento dos parâmetros relevantes para a tomada de decisão em finanças, com base nesse instrumental. Assim, Markowitz associou a média ou retorno esperado de uma ação com a volatilidade desses retornos, constituindo um espaço de avaliação no qual os dois parâmetros, o retorno e o risco, estariam contidos. Markowitz não empregou na ocasião o termo risco, mas sim volatilidade, designando-o por σ (sigma), ao passo que a média dos retornos representava o retorno esperado da ação ($R_{esperado}$). Por meio de análises empíricas realizadas com esse instrumental é que Markowitz concebeu a possibilidade da diversificação influenciar a performance de uma carteira, no sentido da melhoria de sua utilidade (retorno *vis-à-vis* o risco incorrido).

Segundo a ótica da eficiência dos mercados, o mercado seria o *locus* onde as empresas e os investidores poderiam alocar os seus recursos em portfólios, de tal forma que os preços dos ativos sempre refletiriam inteiramente todas as informações disponíveis, sendo os mesmos formados pelo consenso dos participantes em relação aos efeitos dessas informações nas suas expectativas de retornos esperados.

Portanto, os preços livremente praticados são bastante sensíveis às novas informações introduzidas pelo ambiente conjuntural, pelo comportamento do mercado e pela empresa emitente do título, determinando ajustes rápidos nos preços. Assim, caso apareça qualquer informação indicando que uma ação está subprecificada e oferecendo oportunidade de ganhos, os investidores procurarão imediatamente comprá-la com ofertas que a colocarão em um novo nível justo de preço. Informação nova, por definição, precisa ser imprevisível, assim, preços de ações que mudam devido a uma nova informação também precisam cair ou subir de forma imprevisível.

Nesse último caso, um investidor que sistematicamente fizesse boas avaliações, traduzindo o que a doutrina denomina por *Market Timing* (Mescolin *et alii*, 2000), seria capaz de obter uma maior performance na relação retorno/risco, comparativamente aos demais investidores, em razão de sua capacidade de identificar ativos supervalorizados ou subvalorizados. A estratégia do *Market Timing* consiste na capacidade do investidor prever, dentre duas ou mais classes de ativos, qual delas deverá obter o maior retorno, utilizando essa previsão com a finalidade de maximizar sua rentabilidade.

Assim, o *Market Timing* caracteriza a tentativa de prever o comportamento futuro do mercado, utilizando indicadores técnicos ou dados econômicos. Alguns investidores acreditam que é impossível prever o futuro do mercado. Outros investidores acreditam que é possível prever o que ocorrerá com as ações no futuro. Diversos autores demonstram que é muito difícil ganhar do mercado por um período prolongado. A maioria dos investidores não tem tempo para observar o mercado diariamente e, por isso, alguns autores acreditam que é mais prudente pensar no longo prazo e esquecer os lucros imediatos, pois estes podem se tornar prejuízos imediatos.

Investidores e analistas que acreditam ou que trabalham com a estratégia do *market timing* utilizam a análise fundamentalista e a análise técnica. A análise técnica é baseada nos preços passados e volumes. Os analistas técnicos não tentam medir o valor intrínseco de um ativo, mas usam gráficos e outras ferramentas para identificar padrões que podem sugerir o que ocorrerá no futuro.

A análise fundamentalista se preocupa com o valor intrínseco de uma ação, examinando seus fatores econômicos, financeiros, qualitativos e quantitativos. Os analistas fundamentalistas tentam estudar tudo que possa afetar o valor de uma ação, incluindo fatores macroeconômicos e individuais específicos, como a gestão das empresas, por exemplo. Não obstante o arcabouço teórico conceitual apontar no sentido da validação da HME, existem fatos que merecem uma análise mais cuidadosa, pois as anomalias de mercado são também evidenciadas empiricamente.

Longe de ser uma prova de irracionalidade do mercado, os preços que evoluem aleatoriamente resultam das interações entre investidores racionais, competindo em busca de informações relevantes antes do restante do mercado. De fato, se os movimentos fossem previsíveis, seria uma grande evidência da ineficiência do mercado, já que haveria informação disponível ainda não embutida no preço. De acordo com Damodaran (1997), um mercado eficiente é aquele em que o preço de mercado é uma estimativa não tendenciosa do valor real do ativo considerado, permanecendo implícitas algumas suposições nessa definição. A primeira delas se refere ao fato de que a eficiência de mercado não exige que o preço de mercado seja igual ao valor real a cada instante. O requisito necessário é que os erros dos preços de mercado não sejam tendenciosos, ou seja, que os preços possam ser maiores ou menores do que o valor real, mas desde que esses desvios ocorram de forma aleatória. A segunda suposição trata da implicação de que haja uma igual probabilidade de que uma dada ação esteja sub ou supervaluada em qualquer instante do tempo, e que esses desvios não sejam correlacionáveis com qualquer variável observável.

Por fim, como última suposição, se os desvios dos preços de mercado em relação aos valores reais forem aleatórios, nenhum grupo de investidores poderia ser capaz de, sistematicamente, identificar ações subavaliadas ou supervalorizadas empregando qualquer estratégia de investimentos. É importante citar que a eficiência do mercado não implica a permanente presença de preços justos. A exigência básica é que os preços não sejam tendenciosos, ou seja, que os preços possam ser maiores ou menores do que o valor real desde que esses desvios sejam aleatórios.

De acordo com Fama *et alii* (1972), os modelos de incerteza de equilíbrio de mercado assumem que as expectativas dos agentes econômicos sejam homogêneas, ou seja, que os participantes do mercado concordam com as implicações acerca das informações disponíveis para os preços correntes, bem como para a distribuição de probabilidade dos preços futuros dos investimentos de capital individuais.

Dessa forma, o mercado possuiria algumas características desejáveis: o preço dos títulos fornece sinais para uma eficiente alocação de recursos, ou seja, as firmas podem realizar suas decisões de investimentos e os consumidores podem escolher entre os diversos títulos representativos das propriedades das empresas, sob o pressuposto de que eles refletem, em um dado tempo, todas as informações disponíveis.

Fama, reconhecendo que a definição clássica de mercado eficiente era muito geral e difícil de ser testada, propôs três níveis de eficiência: (i) nível fraco, nenhum investidor poderia obter retornos em excesso mediante a análise dos preços históricos, ou seja, as informações contidas nos preços (ou retornos) passados não seriam úteis ou relevantes na obtenção de retornos extraordinários; (ii) nível semiforte, nenhum investidor poderia auferir um retorno em excesso baseado em informações públicas, tais como relatórios anuais, notícias publicadas etc., além de séries históricas de preços; e (iii) nível forte, nenhum investidor poderia auferir um retorno em excesso baseado em qualquer informação, mesmo com base em informações confidenciais.

Os resultados da pesquisa de Fama apontaram, ao mesmo tempo, tanto algumas evidências favoráveis quanto outras que invalidavam a hipótese, as quais são tratadas como anomalias. Consideram-se anomalias os fenômenos de mercado que não podem ser explicados pelos tradicionais modelos de risco, ou seja, são irregularidades observadas no mercado acionário que não são explicadas pela teoria ou pela prática institucional.

As anomalias têm sido detectadas principalmente por pesquisadores de análise fundamentalista, que se utilizam de muitas informações para avaliação de preço. Dentre elas, encontra-se a subavaliação de empresas, que possuem as seguintes características: (i) baixo valor de mercado; (ii) alto grau de endividamento; (iii) maior índice valor contábil sobre valor de mercado; (iv) maior índice preço/lucro; (v) menor liquidez das ações etc. No entanto, os defensores da hipótese do mercado eficiente minimizam tais resultados, argumentando que as anomalias devem-se a vieses na seleção das amostras.

Não obstante, é preciso destacar que, entre os aspectos que contribuem para a existência de imperfeições do mercado, destacam-se: a não homogeneidade das expectativas dos investidores com relação ao comportamento esperado do mercado, o acesso desigual das informações pelos investidores e as diferenças de qualificação e habilidade para interpretá-las.

Nesse contexto de baixa eficiência, a preocupação principal estaria em avaliar se os modelos financeiros produzem resultados mais significativos. Os investidores atuam no mercado procurando tirar proveito econômico dos desvios temporários dos preços. O ajuste de preço a cada nova informação introduzida é dependente da capacidade de interpretação e amplitude de sua divulgação entre os participantes. A preocupação da unidade tomadora de decisões deve estar preferencialmente voltada para identificação dos inúmeros eventos que indicam as imperfeições do mercado.

O *market timing*

Existem investidores que conseguem vencer o mercado por alguns períodos, perdendo em outros mais adiante; porém, manter a frente ao longo de anos tem sido tarefa para poucos. Nesse contexto podemos citar o exemplo de sucesso representado por Warren Buffett e sua estratégia de composição de portfólio. Mas, afinal de contas, quem é Warren Buffett? Ele é um investidor do mercado de capitais norte-americano que tem se destacado pela capacidade de obter uma performance em sua gestão de carteiras superior ao retorno do índice S&P 500 com certa frequência, ou seja, considerando-se que o referido índice pode ser reconhecido como uma *Proxy* representativa de um mercado diversificado e eficiente, a estratégia de Warren Buffett consegue obter retornos superiores ao longo do tempo.

De acordo com Hagstrom (2008), Buffett graduou-se em administração pela University of Nebraska e obteve o grau de mestre em Economia pela *University of Columbia*. Seu primeiro empreendimento de sucesso foi a *Buffett Partnership Inc.*, uma empresa de investimentos que capitalizou nada menos do que uma média de 29,5% ao ano, ao longo de 13 anos consecutivos. No mesmo período o Índice *Dow Jones*, que pode ser também entendido como uma *proxy* de carteira de mercado eficiente, evidenciou, em cinco anos diferentes, retornos negativos. Mas foi em 1962, ao comprar a primeira participação da *Berkshire Hataway*, uma empresa têxtil, que Buffett consolidou sua trajetória de sucesso. Em 1964 assumiu o controle da *Berkshire* e, desde então, o seu patrimônio líquido cresceu de 22 milhões para 69 bilhões de dólares em

40 anos. De 1965 a 2003, em apenas cinco anos, o valor contábil das ações de sua empresa controladora não cresceram acima do índice S&P 500. Em todos os outros anos, a *Berkshire* acumulou um crescimento anual composto de cerca de 22,2%.

O exemplo de Warren Buffett não serve apenas para grandes investidores que possuem alguns milhões de dólares para investir na aquisição de controle das empresas. Para Warren Buffett, comprar lotes de ações e empresas inteiras são dois procedimentos regidos pelos mesmos princípios. Dessa forma, é possível compreender os fatores que permitiram que Buffett tomasse decisões sobre investimentos. Ao longo dos últimos 40 anos, esta estratégia, denominada estratégia Warren Buffett, tem se mostrado vencedora.

Segundo Hagstrom (2008), o fator mais característico da filosofia de investimentos de Buffett é o entendimento claro de que, ao comprar participações em ações, ele possui negócios, e não pedaços de papel.

Assim, em contrapartida ao conflito entre as estratégias ativa e passiva, Warren Buffett sugere um tipo de administração ativa de carteira, que ele denomina como o investimento focado. A estratégia focada consiste em escolher poucas ações de empresas que vêm apresentando sucessivos retornos consistentes, com enfoque no longo prazo. Buffett acredita que é possível obter retornos anuais acima dos índices de mercado. O referido autor cita as regras de ouro do investidor focado:

(i) Concentre seus investimentos em empresas excelentes conduzidas por uma administração forte.
(ii) Limite-se a empresas que consiga verdadeiramente entender. Um número entre 10 e 20 é bom; mais de 20 é procurar problema.
(iii) Escolha as melhores destas boas empresas e concentre a maior parte de seus investimentos.
(iv) Pense no longo prazo: um mínimo de cinco a dez anos.
(v) A volatilidade é um fator. Continue firme.

Nesse sentido, observando o elenco de assertivas da regra de ouro de Warren Buffett e a proposta de diversificação sugerida pela gestão passiva de carteiras, que considera pouco provável que um investidor médio consiga superar o mercado consistentemente no tempo, é possível inferir que Warren Buffett não segue a Teoria Moderna do Portfólio, pois possui de 10 a 12 ações em sua carteira, sendo que algumas carteiras mais diversificadas possuem em torno de 20 ações e as carteiras de alguns fundos mútuos possuem muito mais. Na verdade, existem alguns investimentos que são um espelho do índice Bovespa ou, no caso dos Estados Unidos, do índice *Dow Jones*, cuja estratégia é diversificar o número de ações e acompanhar a carteira de mercado.

Segundo Buffett, sua carteira possui apenas 10 a 12 ativos não porque ele acredita que seja o número necessário para evitar o risco, mas esse seria um número ideal para o estilo de investimento dele. Buffett não considera a diversificação a melhor forma de gerenciar o risco. Sua gestão de risco é baseada na disciplina dos investimentos e na análise fundamentalista da empresa, ou seja, na análise de seus fundamentos microeconômicos e macroeconômicos. Para tanto, Buffett enuncia alguns princípios que devem orientar a escolha de ações que devem ingressar no seu portfólio. Os princípios de Warren Buffett dividem-se em quatro grandes áreas, a seguir elencadas:

(i) Princípios de negócios: O negócio é simples e fácil de entender?; O negócio tem um histórico operacional consistente?; O negócio tem perspectivas favoráveis de longo prazo?
(ii) Princípios de gestão: A administração é racional?; A administração é honesta com seus acionistas?; A administração resiste ao imperativo institucional?
(iii) Princípios financeiros: Qual é o retorno sobre o patrimônio líquido?; Quais são os lucros do proprietário da empresa?; Quais são as margens de lucro?; A empresa criou pelo menos um dólar de valor de mercado para cada dólar retido?
(iv) Princípios de valor: Qual é o valor da empresa?; Ela pode ser comprada com um desconto significativo em relação ao seu valor?

A estratégia de Warren Buffett aplicada ao mercado brasileiro

Para que possamos simular a adoção da estratégia de Warren Buffett no ambiente de mercado de capitais no Brasil, tomaremos por base a carteira teórica de mercado vigente há cerca de uma década, e então aplicaremos os princípios de investimentos desse investidor, de tal forma a selecionar ações para uma carteira baseada nesses critérios. A seguir apresentamos a carteira teórica do índice Bovespa (Ibovespa) no final de 1997:

Tabela 1: Composição da carteira teórica Ibovespa (setembro a dezembro/1997)

Código	Ação	Tipo	Part. (%)
ACE4	ACESITA	PN*	0,28
ARC6	ARACRUZ	PNB	0,32
BES4	BANESPA	PN*	0,99
BEL3	BELGO MINEIR	ON*	0,11
BEL4	BELGO MINEIR	PN*	0,12
BBD4	BRADESCO	PN*EJ	2,56
BRH4	BRAHMA	PN*INT	1,32
BB 3	BANCO DO BRASIL	PN*	1,21
BMT4	BRASMOTOR	PN*	0,59
CMI3	CEMIG	ON*	0,68
CMI4	CEMIG	PN*	3,10
CES4	CEVAL	PN*	0,25
FAP4	COFAP	PN	0,14
CPN5	COPENE	PNA*	0,24
CPS3	COPESUL	ON*	0,09
CSI6	COSIPA	PNB	0,37
DUR4	DURATEX	PN*	0,11
REP4	ELECTROLUX	PN*	0,34
ELE3	ELETROBRAS	ON*	5,28
ELE6	ELETROBRAS	PNB*	4,97
ELP6	ELETROPAULO	PNB*	0,68
ERI4	ERICSSON	PN *	1,03
INE4	INEPAR	PN * INT	0,84
PTI4	IPIRANGA	PET PN *	0,28
ITA4	ITAUBANCO	PN * EJ	0,77
ITS4	ITAUSA	PN	0,39
KLA4	KLABIN	PN	0,28
LIG3	LIGHT	ON *	0,85
LIP3	LIGHTPAR	ON *	0,71
PMA4	PARANAPANEMA	PN *	0,17
PAL3	PAUL F LUZ	ON *	0,55
PET4	PETROBRAS	PN *	6,95
BRD4	PETROBRAS BR	PN *	0,51
SCO4	SADIA CONCOR	PN	0,39
SHA4	SHARP	PN *	0,66
CSN3	SID NACIONAL	ON *	0,79
CST6	SID TUBARAO	PNB*	0,46
CRU3	SOUZA CRUZ	ON	0,26

TEL3	TELEBRAS	ON *	6,67
TEL4	TELEBRAS	PN *	41,77
TEP4	TELEPAR	PN *	0,30
TER4	TELERJ	PN *	0,62
TLS3	TELESP	ON *	0,71
TLS4	TELESP	PN *	2,92
UNI6	UNIPAR	PNB	0,20
USI4	USIMINAS	PN EJ	1,97
PSI4	V C P	PN *	0,16
VAL4	VALE R DOCE	PN EJ	3,39
WHM3	WHIT MARTINS	ON	0,44
			100,00

Fonte: <www.bovespa.com.br>. Acesso em: junho de 2009.

Na simulação realizada neste artigo, foram escolhidas algumas empresas com base nos princípios de Buffett, supondo a constituição de uma carteira em 1997 e realizando o acompanhamento dessa carteira ao longo dos dez anos seguintes, de tal forma a comparar o desempenho da mesma com a evolução do índice Ibovespa no período. Algumas das ações eleitas como tendo as características desejáveis por Warren Buffett são: BRADESCO (BBD4); BRAHMA (BRH4); BANCO DO BRASIL (BB3); VALE DO RIO DOCE (VAL4); TELESP (TLS4); PETROBRAS (PET4). Passamos a analisar cada uma delas.

O Bradesco foi escolhido pelo fato de ser um dos maiores bancos privados do Brasil e por ser aquilo que ele designaria como um negócio fácil de entender. Basicamente, bancos sobrevivem do *spread*. Além disso, o risco dos bancos no Brasil tem sido relativamente baixo. Ao longo de vários anos, os bancos têm adquirido títulos do governo, reduzindo o risco a níveis mínimos. Os empréstimos feitos a empresas privadas ou pessoas físicas incluem taxas de juros elevadíssimas. Vejamos algumas características apresentadas por uma análise do DIEESE sobre o Bradesco em 1998, que reforçam nosso ponto de vista.

"*III – Situação Patrimonial*

O Bradesco ampliou em 16,6% o volume de seus ativos, alcançando R$49,4 bilhões ao final de 1998 (ver Tabela 2). Quanto à sua composição destaque-se que o saldo de Operações de Crédito permaneceu em R$ 16,5 bilhões, paralisando a trajetória ascendente do ano anterior, o que expressa uma postura conservadora diante da mudança de rumo da economia pós crise asiática, precavendo-se de uma possível elevação da inadimplência.

IV – Lucro, Receitas, Despesas e Outros Indicadores
Em 1998, o Bradesco apurou um Lucro Líquido de R$ 1.012,4 milhões, 21% acima do registrado no ano anterior, atingindo uma rentabilidade patrimonial de 16,0% (ver Tabelas 4 e 5)."

Warren Buffett provavelmente incluiria a Brahma em seu portfólio de ações brasileiras pelo mesmo motivo que investiu na Coca-Cola e na *Budweiser* nos Estados Unidos. A Brahma, hoje Ambev, era e continua sendo uma marca muito forte no mercado de cervejas no Brasil, o que representa um fluxo de caixa bastante regular, típico de uma empresa madura. O principal motivo que levaria Buffett a escolher a Brahma seria o fato de que a sua administração se tornou muito agressiva e competitiva, e começou a fazer aquisições e aumentar sua fatia de mercado. Vejamos alguns dados sobre a Brahma antes da sua fusão com a Antártica no Brasil:

"Em 1989, o Grupo Garantia comprou a Brahma e introduziu grandes mudanças no mercado de cervejas Os novos dirigentes adotaram uma administração agressiva, implementando um profundo e extenso processo de expansão, modernização e busca de eficiência. A empresa mudou radicalmente suas estratégias, passando a utilizar política agressiva de promoção de vendas, de redução de custos, de aumento da capacidade produtiva e de expansão internacional. No início da década de 90, a participação somada da marca Brahma era de 38%, superando a da Antarctica. No ano de 1994, a Brahma incorporou a Cia. Anónima Cervecera Nacional, na Venezuela, e inaugurou uma fábrica na Argentina. No ano seguinte, concluiu acordo com a norte-americana Miller Brewing Company e passou a produzir e distribuir a cerveja Miller no Brasil.
A cerveja Brahma manteve-se líder de mercado por quase toda década de 90; apesar disso tanto a marca Brahma como a Antarctica perderam fatias do mercado devido ao crescimento de concorrentes como a cerveja Kaiser e Schincariol e da própria Skol, marca associada ao grupo Brahma, que obteve um impressionante avanço, e chegou à liderança em 1998, com 27% do mercado."

Provavelmente o Banco do Brasil também estaria na relação de ativos selecionados. Os motivos que levariam Warren Buffett a escolher o Banco do Brasil são similares aos motivos que o levariam a escolher o Bradesco. Os bancos no Brasil, via de regra, tiveram fluxo de caixa regular, com boa lucratividade. Os crônicos déficits governamentais permitiram um bom ganho sem riscos com os títulos públicos. O Banco do Brasil tem um papel especialmente importante neste quadro, pois sempre foi um importante instrumento de fomento à agricultura no Brasil. A folha do funcionalismo público federal é, em grande parte, paga por meio do Banco do Brasil, o que tende a gerar negócios.

A seguir apresentamos alguns dados do Banco do Brasil em 1997, os quais evidenciam a sua saúde financeira:

Tabela 2

Resultados				R$ milhões
	2000	1999	1998	1997
Lucro líquido	974	843	870	574
Receitas de Prestação de Serviços	3.145	2.803	2.785	2.538
ROE* (%)	12,2	11,6	13,1	9,6
RPS/Despesas Administrativas (%)	38,2	36,2	34,2	30,3
*Lucro Líquido/Patrimônio Líquido				

Fonte: <www44.bb.com.br/portal/bb/ri/relat/relatorio2000/anual/html/grandes_numeros/index.htm>. Acesso em: junho de 2009.

É possível verificar que seu lucro líquido aumentou de forma contínua ao longo dos anos. Mesmo após a crise asiática, o banco teve um crescimento muito grande em seu lucro. Além disso, os aspectos operacionais do negócio também se mostraram bastante interessantes, conforme verificamos na tabela a seguir:

Tabela 3

Patrimoniais e não patrimoniais						R$ milhões
	2000	1999	1998	1997	1996	1995
Ativos totais	138.363	126.454	129.564	108.916	82.663	79.855
Patrimônio líquido	7.965	7.271	6.630	6.003	5.592	3.466
Operações de crédito*	36.013	29.006	28.544	26.081	25.717	33.966
Depósitos*	65.687	72.214	61.039	55.305	45.196	54.313
Administração de rec. de terceiros (Anbid)	48,1 bi	35,2 bi	38 bi	23 bi	18,9 bi***	9,3 bi***
Índice de cobertura(%)****	99	104,7	90	140,8	111,9	75,9

* Sem o efeito da provisão
** À vista, a prazo, poupança, interfinanceiros
***Fundos de investimento
****Até 1999 = Provisões (Atraso +CL) – Em 2000 = Provisões/Operações classificadas como riscos E, F, G e H
Fonte: <www44.bb.com.br/portal/bb/ri/relat/relatorio2000/anual/html/grandes_numeros/index.htm>. Acesso em: junho de 2009.

Uma análise do negócio operado pela Companhia Vale do Rio Doce faria com que essa empresa fizesse parte de uma carteira teórica brasileira que seguisse os princípios de Warren Buffett. A empresa foi privatizada em 1997. Portanto, havia uma maior possibilidade de que sua gestão se tornasse mais eficiente. O produto vendido pela Vale evidenciou um crescimento de sua demanda ao longo dos anos em todo o mundo. O minério de ferro, componente principal de suas receitas, é utilizado em diversas aplicações. Quando a empresa foi privatizada, ela ficou com grande parte das reservas de minério no Brasil. Existiam alguns aspectos e informações sobre a Vale do Rio Doce, em 1997, que seriam determinantes para incluí-la no portfólio. Em primeiro lugar havia o fato de que a Companhia Vale do Rio Doce era um dos maiores produtores e exportadores mundiais de minério de ferro e pelotas, além de ser uma das principais produtoras globais de manganês e ferro-ligas. Suas atividades produtivas eram realizadas em 11 estados brasileiros e no exterior, tais como nos Estados Unidos (aço), na França (ferro-ligas de manganês), e em Bahrain (pelotização). As principais linhas de negócios da empresa foram agrupadas em:

- minerais ferrosos: minério de ferro e pelotas, manganês e ferro-ligas;
- minerais não ferrosos: ouro, caulim, potássio e cobre (em desenvolvimento);
- logística: ferrovias, terminais marítimos e navegação;
- energia: geração de energia elétrica; e
- participações societárias: alumínio, aço e fertilizantes.

O quadro a seguir destaca o acerto de uma escolha como esta para integrar o portfólio.

Tabela 4: Desempenho econômico
Indicadores financeiros selecionados
Vale do Rio Doce

R$ milhões	1997	1998	1999	2000	2001
Receita operacional bruta	3.198	3.382	4.397	5.169	6.617
Receita operacional líquida	3.101	3.274	4.272	4.980	6.385
Lucro bruto	1.149	1.500	2.279	2.449	3.124
Margem bruta	37,1	45,8	53,3	49,2	48,9
Lucro operacional	822	1.133	1.408	1.800	924
Lucro líquido	756	1.029	1.252	2.133	3.051
Volume de vendas (mil toneladas)					
Produtos e serviços	1997	1998	1999	2000	2001
Minério de ferro	84.364	85.288	81.594	101.194	114.563
Mercado externo	63.491	62.314	59.663	66.313	77.441
Mercado interno	20.873	22.974	21.931	34.881	37.122
Pelotas	17.543	14.264	14.731	15.546	15.385

Mercado externo	16.497	13.668	12.919	13.330	12.598
Mercado interno	1.046	596	1.812	2.216	2.787
Ouro (kg)	18.320	17.678	17.181	17.387	15.815
Mercado externo	17.808	15.315	15.772	17.370	15.815
Mercado interno	512	2.363	1.409	17	–
Manganês	1.103	942	777	1.300	215
Mercado externo	750	635	588	876	77
Potássio*	566	645	579	561	503
Serviços de transporte	101.915	108.307	100.472	107.103	92.089
Ferrovias*	63.191	66.371	60.496	65.945	60.371
Serviços portuários*	38.724	41.936	39.976	41.158	31.718
*venda de produto e prestação de serviço apenas no mercado interno					

Fonte: <www.cebds.org.br/cebds/pub-docs/relatorio-sustentabilidade/rel-2002-br/vale-rio-doce.pdf>.
Acesso em: junho de 2009.

Como é possível verificar, a empresa aumentou suas vendas após a privatização e manteve um volume elevado de vendas ao longo dos anos.

Por fim, como última integrante de uma carteira teórica construída com base nas premissas de investimentos de Warren Buffett, entendemos que a Petrobras se enquadraria perfeitamente nos requisitos. Essa escolha estaria baseada no fato de que se trata de uma empresa cujo negócio envolve um insumo estratégico para todos os mercados, cujos preços tenderiam para uma elevação, embora nos anos 90 o preço do petróleo ainda não tivesse mudado de patamar. Ademais, a Petrobras possuía uma reconhecida competência na prospecção e descoberta de novas jazidas em plataformas *off-shore*, o que representava então um forte potencial de valorização, conforme depois se verificou. Não obstante o fato de que se tratava, e ainda se trata, de uma empresa estatal, e por essa razão bastante influenciada por decisões políticas, tal circunstância não chegou a comprometer o desempenho da companhia. O potencial de expansão do negócio do petróleo aumentou muito com o fim do monopólio estatal em 1997.

Uma vez escolhidas as ações que deveriam compor o portfólio montado com base na estratégia de Warren Buffett, passamos a analisar a simulação de uma carteira teórica que incorporasse a composição sugerida. Nessa carteira optou-se por escolher um número pequeno de ações, com proporções iniciais iguais de cada ação nesse portfólio. Ao mesmo tempo, coligimos os dados relativos à evolução da carteira teórica do Ibovespa no mesmo período, que adotamos como *proxy* de uma carteira de mercado, para que pudéssemos comparar seu desempenho com a carteira teórica de uma estratégia Warren Buffett. O quadro a seguir apresenta a evolução dos preços entre 1997 e 2007, para que se possa extrair o retorno no período.

Tabela 5

	1997	2007	Retornos 97/2007
Ibovespa (pts)	10196,5 pontos	63886,1 pontos	526,55%
Carteira Warren Buffett	R$ 3,36	R$ 58,37	1353,63%
Banco do Brasil	R$ 2,40	R$ 30,40	1168,78%
Bradesco	R$ 4,11	R$ 37,88	822,18%
Vale do Rio Doce	R$ 1,87	R$ 50,75	2612,45%
Petrobras	R$ 3,26	R$ 44,20	1255,83%
Ambev	R$ 12,75	R$ 128,64	908,92%

Fonte: Os autores.

É possível verificar que a adoção de uma estratégia de composição de portfólio, dentre as ações integrantes do Ibovespa, baseada nos princípios de investimento de Warren Buffett, teria apresentado um desempenho em termos de retorno bastante superior à adoção de uma estratégia passiva de portfólio que optasse por manter a carteira de mercado, assumindo integralmente a Hipótese dos Mercados Eficientes.

Nesse sentido, o retorno de 1.353% auferido pela carteira de Warren Buffett é bastante expressivo, comparando-se com o retorno do Ibovespa no período, que foi de 526%, para que se atribua apenas ao mero acaso a superioridade de adoção dessa estratégia de composição de portfólio.

Conclusão

O exercício de simulação que fizemos evidenciou uma superioridade na estratégia que adotasse os princípios de investimento de Warren Buffett, em face de uma estratégia passiva que acompanhasse a Hipótese dos Mercados Eficientes. Nesse sentido, confirma-se a suposição inicial, qual seja, a de que é possível replicar a estratégia de Warren Buffett no mercado de capitais do Brasil.

Não obstante, a despeito de os dados empíricos terem comprovado a suposição inicial, não podemos afirmar que tal circunstância seja suficiente para negar a Hipótese dos Mercados Eficientes, haja vista que o mercado de capitais no Brasil sofreu uma forte turbulência no período considerado, fruto de medidas macroeconômicas que acompanharam as mudanças políticas no início da década de 2000.

O presente artigo não pretendeu evidenciar a inconsistência da HME. Ao contrário, convém observar que a estratégia preconizada por Warren Buffett não acolhe a possibilidade de realização de *Market Timing*, ou seja, de adoção de estratégias sistemáticas de antecipação dos movimentos de preços no mercado de capitais. Ocorre que apenas as premissas da HME provavelmente não são capazes de explicar a complexidade do sistema econômico no qual estão inseridos os mercados financeiros.

Referências bibliográficas

BERNSTEIN, PETER L. *A história do mercado de capitais*: o impacto da ciência e da tecnologia nos investimentos. Rio de Janeiro: Elsevier, 2008.

BODIE, Zvi *et alii*. *Fundamentos de investimentos*. [Trad. Robert Brian Taylor]. 3. ed. Porto Alegre: Bookman, 2000.

DAMODARAN, Aswat. *Avaliação de investimentos*: ferramentas e técnicas para a determinação do valor de qualquer ativo. [Trad. Bazan Tecnologia e Linguística]. Rio de Janeiro: Qualitymark Ed.,1997.

FAMA, Eygene F.; MILLER, Merton H. *The theory of finance*. Hinsdale, Illinois: Dryden Press, 1972.

MARKOWITZ, HARRY. "Portfolio selection". In: *The Journal of Finance*, Vol. 7, n. 1. (Mar., 1952), p. 77-91.

MESCOLIN, Alexandre et alii. "Market timing no Brasil: análise de resultados antes e depois do Plano Real". In: COSTA JR., Newton Carneiro Affonso da; LEAL, Ricardo Pereira Câmara; LEMGRUBER, Eduardo Facó (Org.). *Mercado de capitais*: análise empírica no Brasil. São Paulo: Atlas, 2000. [Coleção COPPEAD de Administração].

SHARPE, William F. "Capital asset prices: a theory of market equilibrium under conditions of risk". In: *The Journal of finance*, XIX, p. 425-443, September, 1964.

TOBIN, James. *Liquidity preference as Behavior toward Risk*. Reprinted from The Review of Economic Studies, n. 67, February, 1958.

Sites visitados

Disponível em: <www.cnbcut.com.br/dieese/Bradesco98.doc>. Acesso em: junho de 2009.

Disponível em: <www44.bb.com.br/portal/bb/ri/relat/relatorio2000/anual/html/grandes_numeros/index.htm>. Acesso em: junho de 2009.

Disponível em: <www.cebds.org.br/cebds/pub-docs/relatorio-sustentabilidade/rel-2002-br/vale-rio-doce.pdf>. Acesso em: junho de 2009.

Disponível em: <http://casesdesucesso.files.wordpress.com/2008/03/ambev.pdf>. Acesso em: junho de 2009.

Disponível em: <www.acaoereacao.net/arquivo10.html>. Acesso em: junho de 2009.

Disponível em: <www.investinfo.com.br/Temp/N055576P.pdf>. Acesso em: junho de 2009.

CAPÍTULO 7

Critérios de avaliação das agências de *rating*

Dhayane André Jardim

O problema

Introdução

O presente estudo busca analisar os critérios de classificação usados pelas agências de *rating*. Essas instituições utilizam informações disponíveis no mercado e emitem a sua opinião sobre os riscos inerentes ao investimento em títulos de dívida. É elemento determinante a capacidade do tomador dos recursos honrar sua dívida no prazo previamente estabelecido.

As agências de *rating* são instituições independentes de quaisquer interesses privados ou governamentais, conforme a exigência legal da SEC (*Securities and Exchange Commission*), necessária para inclusão de títulos de dívidas no mercado internacional. Sendo assim, elas têm como princípios: independência, objetividade, credibilidade e liberdade de divulgação de suas avaliações.

Segundo a agência *Moody's*, um *rating* é "uma opinião sobre a capacidade futura, a responsabilidade jurídica, e a vontade de um emitente efetuar, dentro do prazo, pagamento do principal e juros de títulos específicos de renda fixa...".

Em virtude dessa definição, as agências de *rating* não consideram suas avaliações como recomendação de compra e venda. Dessa forma, elas se eximem juridicamente de quaisquer responsabilidades inerentes ao não cumprimento da liquidação das dívidas por partes das empresas avaliadas. Essa falta de comprometimento direto das agências de *rating* na avaliação dos títulos de dívida é constantemente criticada por especialistas e estudiosos. Ao mesmo tempo, as agências de *rating* dependem da credibilidade de suas avaliações para existirem.

É preciso lembrar que as agências de *rating*, em muitos momentos, deixaram verdadeiras lacunas no que concerne aos critérios e processos utilizados em suas avaliações, o que levou a grandes perdas financeiras (como exemplo, os escândalos contábeis na norte-americana Enron, na italiana Parmalat e, no Brasil, com o Banco Santos).

O biênio 2007-2008 vivenciou uma grande crise financeira, que se iniciou nos Estados Unidos com a questão dos títulos *subprime* e as recentes operações de derivativos que alavancaram o mercado financeiro até 30 vezes o valor do seu patrimônio, e que levou o mercado financeiro a perdas incalculáveis em vários mercados. Foram registrados no mês de outubro de 2008 grandes perdas nas bolsas de valores de todo o mundo. O governo americano, apesar de adotar os fundamentos do liberalismo de mercado, injetou 850 bilhões de dólares a fim de salvar algumas instituições financeiras à beira da falência.

Neste momento turbulento do mercado internacional financeiro, cabe-nos um questionamento que será o problema a ser estudado neste trabalho: de que forma (e se) as agências de *rating* influenciaram significativamente os investidores nas suas decisões de investimento nas operações de alavancagem da crise de 2008?

Objetivos

Objetivo final

Desenvolver uma análise dos critérios de classificação das agências de *rating* a fim de identificar possíveis lacunas neste processo, indicando se existe relação entre a classificação dada aos títulos de dívida, a decisão do investidor em direcionar seus recursos para esses títulos e a atual crise financeira nos Estados Unidos.

Objetivos específicos

- Pesquisar sobre a história da origem das atuais maiores agências de *rating*;
- Demonstrar o papel das agências de *rating* para o mercado atual;
- Analisar os critérios utilizados pelas agências de *rating* na classificação dos títulos de dívidas;
- Descrever o processo utilizado pelas agências de *rating* na classificação dos ativos;
- Investigar a relação entre a classificação dos títulos e a decisão de investimento;
- Examinar a relação entre a classificação dos títulos e a atual crise financeira nos Estados Unidos;
- Questionar a responsabilidade das agências de *rating* nas avaliações por elas divulgadas.

Suposição

Supõe-se que as avaliações emitidas pelas agências de *rating* influenciaram a decisão dos investidores na escolha por ativos classificados como "*investment grade*", por exemplo, os títulos *subprime* que alavancaram as operações da crise de 2008.

Delimitação do estudo

Muito dificilmente um projeto consegue abranger todas as variáveis relacionadas ao escopo do estudo a fim de exaurir todas as informações necessárias que levem ao esvaziamento do questionamento proposto. Cabe ainda ressaltar a característica dinâmica e mutável do mercado financeiro e a capacidade de ser influenciado pelas políticas econômico-financeiro dos governantes. Além disso, por se tratar de um evento que ainda não foi finalizado, muitas das informações dispostas neste trabalho foram obtidas de fontes disponíveis nos veículos de comunicação em geral e dos conhecimentos adquiridos em trabalhos acadêmicos.

Sendo assim, este trabalho terá como foco principal e ponto de origem as agências de *rating*, seu processo de avaliação e classificação de risco utilizando como exemplos as duas maiores agências de *rating*: Standard & Poor's e Moody's.

Devido à característica dinâmica do processo que é escopo deste estudo, este trabalho fica restrito às publicações divulgadas no meio acadêmico, livros, jornais, revistas e na mídia brasileira até março de 2009.

Relevância do estudo

No foco da discussão estão as agências de *rating* como possíveis responsáveis por uma avaliação errônea dos títulos de dívidas de empresas, países ou ativos específicos. Por tudo isso, um estudo que dê tratamento especial à questão citada torna-se relevante e de interesse comum para investidores, profissionais do mercado financeiro, estudiosos da área e para a sociedade como um todo.

Os profissionais do mercado financeiro estão constantemente ligados aos fatos que envolvem os ativos que formam sua carteira de investimento e às possíveis mudanças no mercado que possam trazer oscilação no seu portfólio. Por isso, torna-se relevante o entendimento sobre o processo de classificação do *rating* e atualizando suas posições, a fim de defender o interesse de seus clientes.

Os investidores precisam estar cientes do risco que envolve o mercado de dívidas. Para tanto, é necessário que acompanhem o mercado e tenham conhecimento a respeito das empresas que querem investir. Uma das maneiras de ter acesso a essas informações é por meio do *rating*.

Para os acadêmicos que desejam desenvolver seus projetos de pesquisas ou que até mesmo almejem trabalhar no mercado financeiro, o estudo torna-se uma fonte rica de informações a respeito do tema.

O mercado financeiro americano e o dólar são referências nas transações comerciais mundiais. Sendo assim, qualquer disfunção no mercado financeiro americano traz consequências e influências diretas a todos os demais países. Em virtude dos fatos mencionados, podemos verificar a relevância do tema estudado para toda sociedade.

Definição dos termos

Rating – "Opinião independente sobre a capacidade do emitente de pagar o principal e os juros do título emitido. É instrumento de medição de riscos e dos sistemas de garantias e coberturas desses riscos. Classificação de risco de um banco, de um país ou de um ativo feito por uma empresa especializada." (Dicionário Financeiro da Bovespa)

Agências de *rating* – "Empresa de avaliação e classificação de riscos. Suas classificações de risco orientam investidores quanto à qualidade dos títulos emitidos por uma empresa, ou por um país. Apesar de influírem nas atividades do mercado financeiro, não são fiscalizadas pelo Banco Central do Brasil. Nos casos de *rating* empresarial, a agência é normalmente credenciada pelas empresas que a contratam." (Dicionário Financeiro da Bovespa)

Metodologia

Tipo de pesquisa

Para classificação do tipo de pesquisa, utilizaremos como base a taxonomia proposta por Vergara (1990), que qualifica a redação do projeto acadêmico em dois aspectos: quanto aos fins e quanto aos meios.

Quantos aos fins, o presente projeto é do tipo descritivo, porque busca descrever percepções e expectativas do mercado financeiro a respeito das agências de *rating* como validadora e orientadora dos investimentos em títulos de dívida.

Quanto aos meios, a pesquisa é bibliográfica porque lançará mão de artigos, trabalhos acadêmicos e fontes de comunicação, como jornais, revista e sites de empresas para revisão e validação do assunto proposto.

Universo e amostra

O universo da pesquisa foram as agências de *rating* que atuam no mercado internacional. A amostra da pesquisa foi definida pelo critério de acessibilidade às informações necessárias ao desenvolvimento do trabalho.

Seleção dos sujeitos

Os sujeitos da pesquisa foram determinados por sua representatividade no setor que atuam. Entendemos representatividade como sendo a quantidade total de clientes que compõe sua carteira em relação a seus concorrentes diretos. Dessa forma, este trabalho será desenvolvido com base nas informações disponíveis de duas empresas, que juntas compõe 80% do mercado de agências de *rating*: *Standard & Poor's* e *Moody's*.

Coleta de dados

Os dados serão coletados por meios de fontes secundárias de pesquisa bibliográfica como livros, dicionários, revistas especializadas, jornais, sites, teses e dissertações pertinentes ao assunto.

Tratamento dos dados

O tratamento dos dados será feito por meio de procedimento não estatístico, na medida em que os dados coletados são informações e características disponíveis em bibliografias consultadas. Esses dados foram necessariamente levantados por meio de uma pesquisa bibliográfica, trazendo reflexões, argumentações, interpretações, análise e conclusões dos respectivos autores.

De acordo com o objetivo do estudo, caracterizamos as agências de *rating* assim como descrevemos o método utilizado por elas para analisar o risco de empresas, países e ativos. Em seguida, analisamos este *rating* por meio de exemplos conhecidos no mercado, e verificamos se existe alguma relação significativa desses dados com a crise norte-americana.

É preciso salientar que, quando se trata de observações e estudos de um retrato da realidade, a análise depende da interpretação dos dados coletados, sendo esta possivelmente subjetiva. Portanto, torna-se de fundamental importância uma postura interpretativa. São as dificuldades e limitações que tornam a pesquisa mais complexa e interessante. Já que, quanto maior o risco, maior será o retorno exigido.

Limitações do método

O método escolhido possui algumas limitações. A primeira delas se refere à grande abrangência do assunto estudado, já que a crise norte-americana é um assunto complexo, de características macroeconômicas inter-relacionadas a diversos aspectos. Logo seria imprudente atribuir às agências de *rating* a exclusiva responsabilidade.

Merece atenção o fato de que a crise norte-americana ainda estava em curso quando este trabalho foi realizado, ou seja, as ocorrências posteriores não foram consideradas. Além disso, os dados secundários coletados trazem informações que podem se tornar frágeis, devido à limitação anteriormente informada.

Cabe ressaltar que no tratamento dos dados coletados existe uma limitação no que diz respeito à própria história de vida da pesquisadora, influindo, assim, nas análises e considerações expostas. Sendo assim, admite-se que não existe neutralidade científica.

Referencial teórico

Rating – histórico e visão geral

Na Europa do século XVI, no período da Renascença, ficou registrada a origem da palavra risco, sendo esta derivada etimologicamente da palavra italiana *risicare*, que tem sua origem no baixo latim *risicu, riscu* que significa ousar, arriscar.

Segundo Bernstein (1997, p. 8), "risco é uma escolha, não um destino. (...) a capacidade de administrar riscos, e com ela a vontade de correr riscos e fazer opções ousadas são elementos-chave da energia que impulsiona o sistema econômico." Para Gitman (1997, p. 200), risco é a "variabilidade de retornos associados a um dado ativo" e com "possibilidade de prejuízo financeiro".

De forma geral, a palavra risco vem sendo empregada ao longo dos anos para designar a probabilidade de insucesso, de perda ou mesmo a incerteza no alcance do que se pretende. No mercado financeiro, o termo risco é comumente usado para avaliação de ativos, empresas e países no que diz respeito à decisão de investimento.

As agências de *rating* surgiram por volta de 1909 nos Estados Unidos. Jonh Moody, em 1903, teve a ideia de divulgar informações sobre propriedade, capitalização e administração de empresas por meio da publicação do *Moody's Manual*. Devido ao sucesso e esgotamento deste exemplar, em 1909, ele percebeu que poderia expandir seus negócios criando uma empresa que, além das atividades descritas, fosse capaz de oferecer aos investidores uma análise do valor de seus títulos.

Muitas empresas buscavam ajuda para levantar capital para seu próprio negócio por meio de sócios capitalistas, e as agências de *rating* auxiliavam essas empresas, tanto analisando a viabilidade da operação, bem como os custos e benefícios envolvidos. Em 1941, a partir da fusão das empresas *Standard Statistics* e *Poor's Publishing* surge a *Standard & Poor's*, especializada nos títulos emitidos pelo setor ferroviário norte-americano, os primeiros a serem vendidos em larga escala. Atualmente a *Standard & Poor's* é a maior provedora global de dados, análises e opiniões independentes sobre investimentos.

Em 1999, com o acordo da Basileia, as agências de *rating* ganharam força e, no início de 2005, a IOSCO (*International Organization of Securities Commission*), entidade que congrega a comissão mobiliária de vários países e órgão responsável por regulamentar aspectos relativos aos procedimentos dos agentes nos mercados, propôs aos países-membros um Código de Conduta e adesão livre às agências de *rating*, a fim de proteger o investidor e garantir a qualidade e integridade do processo de elaboração do *rating*.

Papel das agências de *rating* para o mercado

Em linhas gerais, as agências de *rating* são responsáveis pela elaboração de listas de classificação de países, empresas e ativos específicos, analisando sua saúde financeira, capacidade e intenção em honrar os compromissos previamente assumidos. Essas informações podem influenciar tanto os custos de operação quanto suas taxas.

Para destacar a importância das agências de risco, apresentamos o seguinte exemplo: quando vamos a uma loja de brinquedos comprar presentes para nossos filhos, podemos ver na embalagem a certificação do órgão responsável em avaliar a adequação e qualidade daquele produto para a criança, de acordo com suas especificações. Essa avaliação nos traz a sensação de segurança e cuidado que precisamos. Da mesma forma acontece com as agências de *rating*: elas mostram aos agentes financeiros as informações e especificações do tipo e qualidade dos ativos, para que, a partir daí, seja tomada a decisão de investimento. Cabe ressaltar que a decisão de investimento não deve ser calcada em um único critério, mas em um conjunto de informações, de acordo com o perfil do investidor.

Em alguns países, a classificação atribuída pelas agências de risco a países, empresas e ativos é uma limitadora da decisão de investimentos. Ou seja, países que possuem uma baixa classificação pelas agências de *rating* não podem ser escolhidos como receptores de investimentos estrangeiros. Da mesma forma acontece com a política de investimento de alguns fundos, não sendo os mesmos autorizados a investir em ativos de baixa classificação.

As classificações emitidas pelas agências de *rating* estão diretamente ligadas a quatro tipos de agentes financeiros, podendo ser estes beneficiários ou demandantes destas avaliações. Apresentamos a seguir os quatro grupos de interessados:

(i) *Investidores* – são os agentes que possuem capital disponível e intenção de investir. Este grupo utiliza-se das informações emitidas pelas agências de *rating* para analisar a adequação dos ativos às suas características. Além disso, cabe ressaltar algumas características que beneficiam os investidores, tais como: a possibilidade de se trabalhar em um horizonte de investimento mais longo, as informações compatíveis a nível mundial e a economia de esforços nas pesquisas.

(ii) *Emissores* – são os agentes que vão ao mercado em busca de capital para seu negócio. Uma característica importante, e que atende a necessidade dos emissores, é a capacidade de disseminação e difusão das informações pelas agências de risco. Esta característica possibilita a entrada das empresas em novos mercados, uma maior liquidez e, em alguns casos, uma redução do custo de capital.

(iii) *Intermediários* – uma vez emitido o *rating*, os intermediadores financeiros utilizam-se dessas informações para realizarem suas operações com maior facilidade.

(iiii) *Mercado como um todo* – após a disseminação das informações relativas à classificação do *rating*, o mercado como um todo é beneficiado com maior capacidade de análise e respostas rápidas às possíveis mudanças.

Conforme a declaração do senador norte-americano Joseph Lieberman (2004): "As agências de *rating* possuem a chave do capital e da liquidez, o centro nervoso da América corporativa e de nossa economia capitalista. O *rating* afeta a capacidade de uma empresa conseguir empréstimos financeiros; afeta a decisão de investimentos de fundos de pensão e de fundos de investimentos em geral, bem como influencia o valor das ações negociadas em bolsa de valores."

Análise do método de classificação

Para entendermos o modelo de classificação utilizado pelas agências de risco na análise dos títulos de dívidas, sejam eles originários de empresas, de um país ou um dado ativo específico, é necessário conhecermos os tipos de riscos existentes. Segundo Lima (2007, p. 555), podemos destacar os seguintes tipos de riscos: risco de mercado, risco de crédito, risco operacional, risco legal e risco político.

a) *Risco de mercado:* consiste na possibilidade de perdas causadas por flutuações nos preços, índices ou taxas sobre instrumentos financeiros assumidos por uma instituição, no ativo ou passivo. Estas variações não previstas geram incertezas que podem afetar diretamente as taxas de juros, de câmbio, o preço das ações, liquidez, derivativos e *commodities*, alterando o retorno esperado sobre o investimento assumido.

b) *Risco de crédito:* é a medida numérica da incerteza no recebimento de um valor contratado por um tomador de crédito em relação à contraparte de um contrato ou emissor de um título, descontadas as expectativas de recuperação e a realização de garantias. Este risco não está relacionado apenas às operações de crédito, como empréstimos e financiamentos, mas a qualquer modalidade de instrumento financeiro presente no ativo da instituição. O risco de crédito encontra-se dividido em três grupos: país (moratórias de país), políticos (restrições ao fluxo livre de capitais entre países, estados, municípios e que podem gerar golpes militares, novas políticas ou eleições) e falta de pagamento (quando uma das partes do contrato não honra seus compromissos).

c) *Risco operacional:* representa a incerteza inerente aos processos internos das organizações no que concerne a possíveis falhas que podem acarretar erros na avaliação ou até mesmo fraudes. Essas falhas podem ser de caráter humano (intencionais ou não) ou técnicas (relacionadas ao processo produtivo e sua adequação aos objetivos operacionais).

d) *Risco legal:* medida de incerteza relacionada à possibilidade de não execução do contrato por falta de sua concretização. Sendo assim, pode ser ocasionado por uma das partes não estar capaz de e habilitada para executar a operação, pelo fato de ser falho, por documentação insuficiente, insolvência ou ilegalidade.

e) *Risco político:* está relacionado à capacidade e intenção dos governantes de honrar os compromissos assumidos dentro do prazo previamente acordado. Mostra a transparência das instituições políticas e os parâmetros usados para a formulação das políticas econômicas, além de refletir a estabilidade do governo.

As agências de *rating* elaboram seus pareceres em função das informações disponíveis sobre a empresa, ativo ou país, considerando os riscos apresentados anteriormente. Para isso, elas dividem sua análise de acordo com as características inerentes ao negócio a ser avaliado. A partir da definição de *rating*, podemos chegar a três tipos de *rating*: *Rating* Soberano, *Rating* Corporativo e *Rating* de Ativos Específicos.

a) Rating *Soberano:* Mostra a capacidade e intenção futura dos governos nacionais em honrar seus compromissos financeiros pontual e integralmente. Esta capacidade futura é determinada fixando-se um horizonte de cinco anos e usando, dentre os cenários prováveis, aquele de pior expectativa. As avaliações de *rating* são revistas a cada alteração de projeto ou nova informação. A disposição do governo em pagar suas dívidas está relacionada ao perfil do governo, a estabilidade econômica e sua relação com os credores internos e externos. O risco de crédito dos governos não incorpora os riscos de outros emitentes e emissores privados.

O processo de avaliação do *Rating* Soberano envolve a análise de variáveis quantitativas e qualitativas. Podemos destacar como variáveis quantitativas: a estabilidade e legitimidade das instituições políticas, a estrutura econômica, o crescimento econômico, a participação popular nos processos políticos, a flexibilidade fiscal, a probidade da sucessão das lideranças, a transparência nas decisões e objetivos da política econômica, a estabilidade monetária, a dívida externa, o risco geopolítico e outros. Como variáveis qualitativas, teremos várias medidas de desempenho econômico e financeiro de caráter subjetivo. Verificamos que as agências de risco não têm apresentado uma fórmula exata de como é feita essa análise. As variáveis econômico-financeiras e o risco político são inter-relacionados e são atribuídos pesos que não são fixos entre os países e nem ao longo do tempo.

b) Rating *Corporativo:* tem por finalidade atribuir uma nota a uma determinada empresa a fim de indicar sua capacidade e intenção de honrar seus compromissos dentro do prazo determinado. Para as empresas, um bom *rating* pode lhes trazer capital para ampliar e melhorar sua capacidade produtiva, aumentando suas operações e retornos. As empresas com *rating* de grau de investimento atraem mais investidores. Na elaboração do *Rating* Corporativo, vários fatores, objetivos e subjetivos, são considerados, tais como: condições macroeconômicas, risco político, condições financeiras, perfil do endividamento, planejamento de gestão, controle de finanças, perfil dos gestores etc. Podemos destacar alguns fatores que são considerados fundamentais no processo de elaboração deste *rating*. São eles: o tamanho da empresa, o índice de endividamento, a área de atuação e a participação percentual no mercado em que atua, também conhecida como *market-share*.

c) Rating *de Ativos*: é a classificação de risco de um determinado ativo financeiro ofertado no mercado como, por exemplo, uma ação, uma opção ou uma debênture. Sendo assim, pode ser realizado tanto em função de sua emissão ou mesmo em relação a sua aceitação e histórico de rendimentos passados. De acordo com a *Revista Capital Aberto*[1], "se a avaliação for feita sobre um determinado título emitido, então as agências costumam divulgar um *rating* próprio para a dívida em questão. Existe a hipótese, por exemplo, de uma debênture ser tão bem estruturada que mereça o selo de grau de investimento, mesmo que seu emissor ainda não seja visto com a mesma credibilidade". As informações a respeito deste tipo de classificação são escassas, o que dificulta a análise da metodologia utilizada pelas agências de risco na atribuição deste tipo de *rating*.

Cada agência de *rating* possui seu modelo próprio para a classificação do risco. A agência *Standard and Poor's*, por exemplo, divide sua análise em duas etapas: o comitê de *rating* e análise dos pares e os indicadores de risco.

O comitê de *rating* e análise dos pares referem-se ao grupo formado por especialistas em risco que desenvolvem um relatório de 5 a 10 mil páginas, resumindo as projeções e dados a respeito da análise em questão. Com base nessas informações, o comitê debate cada uma das características que são votadas, justificando-as, até que finalmente é definido o *rating* final.

Apesar de o *rating* ser uma medida absoluta, o método para se chegar a este número é por meio do debate e da comparação entre os pares. Sendo assim, fica destacada a característica subjetiva da classificação.

Os indicadores de risco caracterizam o método pelo qual são escolhidas as variáveis a serem analisadas, considerando-se o tipo de negócio. Essas variáveis são

---

[1] *Revista Capital Aberto*. Ano 4, n. 39, novembro 2006, p. 14-18.

chamadas de indicadores. É por meio da análise e comparação desses indicadores que se chega ao *rating* final. Os indicadores são divididos em categorias e cada um deles é discutido pelo comitê, que atribui uma nota variando de 1 (nota mais alta) a 6 (nota mais baixa). Essas notas são checadas pelo "bom senso" (*sense chek*) e a soma das notas gera o *rating*.

Escalas de classificação

A graduação do *rating* é expressa por símbolos que são idênticos para os emitentes e emissores das dívidas. Cada símbolo expressa o risco de *default*, ou seja, a possibilidade ou vontade do emitente do título da dívida em honrar o principal e os juros no período previamente acordado. A lei que regula o mercado bancário, de seguros, empréstimos e poupança utiliza definições como *investment grade*, *speculative grade* e *default grade* para indicar a qualidade dos instrumentos analisados.

A *Standard & Poor's* e *Moody's*, partindo das definições expressas na lei, desenvolveu sua análise dividindo seu *rating* em quatro categorias: grau de investimento, grau especulativo, grau de *default*, *junk Bond* e outros. A agência *Standard & Poor's* utiliza ainda os sinais (+) ou menos (–) para sinalizar a relatividade e intensidade dentro de cada categoria. Já a *Moody's* difere as categorias fazendo uso de letras maiúsculas, minúsculas e números sequentes. A seguir apresentamos a tabela 1, que ilustra as classificações utilizadas pelas agências estudadas no presente trabalho:

Tabela 1: Classificação de obrigações

		Qualidade muito alta	Qualidade alta	Especulativa	Muito baixa
Standard & Poor's		AAA AA	A BBB	BB B	CCC D
Moody's		Aaa Aa	A Baa	Ba B	Caa C
Às vezes, tanto a Moody's quanto a Standard & Poor's têm usado ajustes para estas classificações.					
A S&P usa sinais mais e menos: A+ é a graduação mais forte do A, e A– a mais fraca.					
A Moody's usa uma definição de 1, 2 ou 3, sendo que 1 indica a mais forte.					
Moody's	S&P				
Aaa	AAA	Dívida de classe Aaa e AAA tem a graduação mais alta. A capacidade de pagar juros e principal é extremamente forte.			
AA	AA	Dívida de classe Aa e AA tem uma forte capacidade de pagar juros e principal. Junto com a graduação mais alta, este grupo compõe a classe de alta graduação para obrigações.			

A	A	Dívida de classe A tem uma forte capacidade de pagar juros e principal, embora seja mais suscetível aos efeitos adversos de mudanças em circunstâncias e condições econômicas do que a dívida com graduação mais alta.
Baa	BBB	Dívida de classe Baa e BBB é a que tem uma capacidade adequada para pagar juros e principal. Embora formalmente ostente parâmetros adequados de proteção, condições econômicas adversas ou circunstâncias em transformação, tem mais probabilidade de abalar a capacidade de pagar juros e principal da dívida de outras categorias de maior hierarquia. Estas obrigações são de média graduação.
Ba	BB	Dívida graduada nestas categorias é considerada, em comparação, como predominantemente especulativa com relação à capacidade de pagar juros e principal, de acordo com os termos da obrigação. BB e Ba indicam o grau de especulação mais baixo, e CC e Ca, o grau mais alto de especulação. Embora estas dívidas sejam aptas a ter algumas características de qualidade e de proteção, estas são excedidas por grandes incertezas ou por exposições maiores de risco a condições adversas. Algumas emissões podem estar em inadimplência.
B	B	
Caa	CCC	
Ca	CC	
C	C	Esta graduação é reservada para obrigações de renda sobre as quais nenhum juros está sendo pago.
D	D	Dívida com a graduação D está em inadimplência, e o pagamento de juros e/ou do principal está em atraso.

Fonte: Adaptado de Bodie (2007), p. 287.

O *rating* pode ser classificado como de curto ou longo prazo, tanto na análise de empresas, países ou ativos específicos. A classificação como curto prazo refere-se a um risco de crédito a vencer no prazo de até um ano, como, por exemplo, o *commercial paper* e os depósitos bancários dentro deste prazo. O *rating* de longo prazo é considerado aquele que é utilizado para classificar obrigações de renda fixa com duração superior a um ano, como, por exemplo, títulos lastreados em hipoteca e depósitos bancários de longo prazo.

Crises financeiras associadas à ausência de percepção de risco

Por várias vezes, as agências de *rating* tiveram seus nomes ligados a escândalos contábeis, como no caso da *Enron*, fato que tem colocado em pauta a questão de sua responsabilidade sobre os pareceres emitidos e seu posicionamento ético. Atualmente, tem sido muito discutido na mídia e entre especialistas o envolvimento das agências de risco com os títulos imobiliários norte-americanos, que ficaram conhecidos como títulos "podres", e que iniciaram a atual crise financeira. A crise do *subprime* foi responsável pela quebra de múltiplas instituições financeiras e investidores, casos em que as perdas reais tornaram-se incalculáveis.

Em agosto de 2008, a *Revista Capital Aberto*[2] publicou uma matéria que apontou o conflito de interesses nas agências de *rating*. Segundo o autor, foi realizada uma pesquisa pelo Instituto CFA (associação de profissionais de investimentos responsável pela conhecida certificação de mesmo nome), na qual ficou constatado que, dos 1.956 profissionais consultados, 11% disseram já ter testemunhado alguma situação em que a agência de risco tenha melhorado o *rating* da companhia em função de pressões do emissor ou subscritor. Dos que afirmaram ter testemunhado essa mudança de *rating*, 51% disseram que a mudança ocorreu devido à ameaça de substituição no futuro por outra agência classificadora de risco.

Esta pesquisa nos leva a refletir sobre a importância das agências de *rating* para os mercados e seu papel real. Estas empresas têm um posicionamento estratégico no mercado financeiro e são indispensáveis para seu atual arranjo. Ao mesmo tempo, existem interesses conflituosos ligados a sua atividade-fim. O conflito está no fato de que suas atividades são patrocinadas por seus clientes, que são os maiores interessados em conseguir um bom *rating*, já que é por meio desta classificação que essas empresas buscam investimentos no mercado. Este fato pode acabar gerando um parecer que não reflita em parte ou em sua totalidade a realidade da situação econômica e financeira da empresa analisada. Sendo assim, cabe-nos uma reflexão a respeito do papel das agências de *rating* associada a possíveis perdas momentâneas de percepção de risco que levaram investidores a decisões equivocadas.

Crise norte-americana

O papel desempenhado pelas agências de *rating* foi questionado recentemente com a crise de crédito que se iniciou nos Estados Unidos e levantou várias questões para os reguladores de todo o mundo acerca da qualidade e da integridade dos processos de classificação, sua independência, dos conflitos de interesses das agências de *rating* e a responsabilidade das agências de risco perante os investidores e os emissores.

Nos últimos dez anos, os Estados Unidos estavam vivendo um período de grande valorização de ativos imobiliários do tipo *subprime*, fato que ajudou a formar uma bolha especulativa. As instituições financeiras privadas deram continuidade a esse processo de valorização por meio da criação de operações estruturadas de derivativos de créditos imobiliários.

---

[2] *Revista Capital Aberto*. Ano 5, n. 60, agosto 2008, p. 64-65.

Em abril de 2007, *New Century Financial Corporation*, o segundo maior credor de hipotecas do tipo *subprime* dos Estados Unidos, foi à falência. Já em 9 de agosto de 2007, o maior banco francês, o BNP-Paribas, suspendeu os resgates das quotas de três grandes fundos imobiliários sob sua administração – *Parvest Dynamic ABS, BNP Paribas ABS Euribor* e *BNP Paribas ABS Eonia*.

Em meados de julho, os problemas de liquidez estenderam-se às agências (privadas) garantidas pelo governo norte-americano (*government sponsored enterprises*) – *Fannie Mae* e *Freddie Mac*. Juntas, essas duas instituições administram carteiras de ativos da ordem de US$ 5 trilhões, o que representa cerca de 40% do total do mercado de hipotecas nos Estados Unidos. Ambas receberam um pacote a título de ajuda do Tesouro Americano que, entre outras ações, contemplava uma injeção de liquidez da ordem de US$ 200 bilhões. Essas instituições, embora fossem privadas e com ações negociadas em bolsa de valores, possuíam, na percepção dos mercados, garantias implícitas do governo norte-americano. Por isso, conseguiam captar recursos a um custo bastante próximo ao do Tesouro Americano, com a vantagem de oferecer uma rentabilidade um pouco superior. Dessa forma, tinham a possibilidade de atuar de forma muito mais alavancada, em relação às demais instituições financeiras.

Em decorrência desses fatos, os investidores internacionais começaram a desfazer suas posições nos diversos mercados, o que levou à redução de liquidez dos títulos de curto prazo do tipo *commercial papers*. Como consequência, houve um aumento das taxas de juros. A situação agravou-se ainda mais. Em setembro de 2008, a falência do *Bear Stearns*, o quinto maior banco de investimento dos Estados Unidos, levou o FED (Banco Central Americano) a interferir, liberando uma linha de crédito de 30 bilhões de dólares para o *JP Morgan Chase* para a aquisição do *Bear Stearns*. Neste momento, acreditava-se que, com este posicionamento do FED, o pior da crise já teria passado.

O *Lehman Brothers*, o quarto maior banco de investimento norte-americano, enfrentava dificuldades. Após o anúncio de um prejuízo de US$ 3,9 bilhões no terceiro trimestre de 2008 e da negativa do governo norte-americano em fornecer respaldo financeiro a uma possível operação de compra desta instituição (o banco inglês *Barclays* e o americano *Bank of America* tinham interesse na aquisição), o *Lehman Brothers* entrou com um pedido de concordata na Corte de Falências de Nova York. A decisão das autoridades norte-americanas de não prover apoio financeiro ao *Lehman Brothers* agravou profundamente a crise, gerando um forte pânico nos mercados globais. A falência do *Lehman Brothers* para alguns foi o marco inicial e ponto de agravo da crise.

Bancos e empresas, mesmo possuindo condições saudáveis do ponto de vista financeiro, passaram a ter amplas dificuldades na obtenção de novos recursos e linhas de crédito de curto prazo. Este foi o ponto de agravo da crise financeira – a falta de credibilidade no sistema bancário norte-americano como um todo e seu impacto na economia real.

A AIG (maior seguradora dos Estados Unidos) recorreu ao FED para contrair um empréstimo que garantisse a sua liquidez. Neste momento, o governo americano resolveu mudar de postura, assumindo o controle de 80% das ações das seguradoras e o gerenciamento de seus negócios. Com o objetivo de disponibilizar um novo aporte de capital nas instituições financeiras e possibilitar alguma margem de manobra para os bancos, o Tesouro Americano preparou um pacote de 700 bilhões de dólares para compra de títulos "podres" dos bancos.

Mesmo assim, o mercado continuou conturbado e realizando quedas recordes nas principais bolsas de valores do mundo. Em virtude disto, os bancos centrais do mundo resolveram realizar uma ação conjunta para o corte da taxa básica de juros em 0,5 p.p. Aparentemente, essa ação conjunta surtiu um efeito positivo, contendo a trajetória de deteriorização das expectativas dos mercados.

Porém, este não foi o fim desta crise, e novos fatos se apresentavam a cada momento. Voltaremos ao nosso objetivo de propor uma reflexão sobre o papel das agências de *rating* e sua responsabilidade neste contexto. Um fato extremamente relevante é que *Standard & Poor's*, a *Fitch Ratings* e a *Moody's* concederam *ratings* altos para estes títulos *subprime* norte-americanos e demoraram muito para revisar essas classificações quando os credores começaram a não honrar os pagamentos a que os papéis estavam atrelados. A Comissão Europeia suspeita que os honorários elevados pagos pelos emissores dos títulos — como alguns grandes bancos de investimento internacionais — possam ter influenciado o julgamento das agências. Os fatos demonstram fortemente um descompasso entre as avaliações emitidas e os resultados obtidos por esses papéis.

A *Revista Capital Aberto*[3], em sua edição de novembro de 2007, divulgou a informação de que, em depoimento aos parlamentares no Estados Unidos, Christopher Cox, presidente do Conselho de Administração da *Securities and Exchange Commission* (SEC), o órgão regulador do país, informou que averiguava se as agências foram pressionadas a inflarem as notas dos títulos *subprime* por Wall Street. Atrás de maiores lucros, os bancos teriam forçado as agências a flexibilizarem o rigor na avaliação

---

[3] *Revista Capital Aberto*. Ano 5, n. 51, novembro 2007, p. 54-57.

de produtos "podres", frutos das operações conhecidas como "estruturadas" ou de securitização.

Enron

A *Enron*, companhia de energia, começou muito pequena e chegou a ser uma das sete maiores empresas dos Estados Unidos, por receita e com valor de mercado superior a U$S 68 bilhões. Em janeiro de 2001 chegou a ter 25 mil funcionários, em setembro de 2001 chegou a ocupar o topo da lista das 50 empresas norte-americanas com o crescimento mais rápido, de 1994 a 2000 recebeu da *Revista Future*, por seis anos consecutivos, o prêmio de empresa inovadora, da publicação "Empresas mais admiradas", entre outros destaques.

Em 1985, a *Enron* nasce da fusão entre a HNG (*Houston Natural Gás*) e a *Internorth* (Nebraska). No ano seguinte, Kenneth Lay, Ph.D em economia, é apontado como *Chairman* e CEO da *Enron* e recomenda a sua equipe que crie "um banco de gás natural para a *Enron*". Sendo assim, em 1989, a *Enron* começa suas operações de *trading* de gás natural, tornando-se a maior empresa nos Estados Unidos e no Reino Unido a atuar neste seguimento. O lançamento da *Enron Online*, sistema de transação global de energia pela internet, impulsiona seus negócios e faz com que no ano de 2000 suas ações atinjam o pico histórico.

Mais tarde, a *Enron* tornou-se sinônimo de tudo de ruim que a globalização e desregulamentação do mercado poderiam trazer: a ganância empresarial, os escândalos contábeis, o tráfico de influência pública, os escândalos bancários e o mantra do livre mercado.

A *Enron* levou à falência uma das mais respeitadas empresas de consultoria, a *Arthur Andersen*, e manchou a reputação de seus bancos credores como o J. P. *Morgan Chase*, *Citibank* e *Merrill Lynch*. Alguns eventos poderiam trazer problemas que jogariam por terra os truques contábeis que ocultavam o passivo e exageravam suas receitas, como: a solução da crise de energia na Califórnia, que poria em risco a manipulação do mercado que lhe gerava lucros exorbitantes; a queda do mercado acionário; e seus múltiplos negócios como a empresa ponto-com (energia, gás e outras *commodities* negociadas on-line) sendo por algum tempo motivo de orgulho e também de seu fracasso.

A gigante do setor energético especializou-se na inovação financeira, ou seja, novas formas de comprar e vender energia e outras *commodities* usando sofisticados mecanismos financeiros, como derivativos. Por meio de complicadas estruturas financeiras, ela dividia o fluxo de renda em diferentes parcelas e oferecia aos investidores, diversificando o seu risco. Cabe ressaltar que muitas dessas operações eram legais. O truque utilizado pela empresa era vender no presente para entregar no futuro, ou seja, registrava o valor da venda hoje, mas não o que teria que pagar pelo custo da compra do gás que entregaria no futuro. Contando que as vendas crescessem cada vez mais no próximo período, era possível exagerar continuamente a receita deste modo.

Outra artimanha utilizada pela *Enron* envolvia contratos de compra e venda de energia como uma empresa fictícia, conhecida com *Raptor*. Como esta "empresa de fachada" não tinha o interesse no gás, a *Enron* o comprava de volta, mas desta vez não registrava em seu passivo. A *Raptor* era usada ainda como fonte de captação de empréstimos junto aos bancos, caso os executivos da empresa entendessem que ficaria mal aumentar o endividamento da *Enron*. A transferência deste dinheiro era realizada com o pagamento antecipado pela compra de gás, por exemplo, para o ano seguinte. Ocultando os empréstimos financeiros, o balanço da *Enron* parecia melhor, o que levava a valorização de suas ações no mercado financeiro. Os executivos da *Enron* tiveram grandes lucros por meio de *stock options*. Com o mercado inflado, os executivos poderiam ainda criar uma sociedade sem registro no balanço e oferecer as próprias ações, que estavam valorizadas, como garantias para empréstimos bancários. Este sistema fazia com que, ao invés de os executivos em suas decisões beneficiarem os acionistas, o que ocorria era exatamente o contrário, eles deixavam o custo para eles, além de expô-los a riscos inimagináveis.

As agências de classificação de risco foram alvo de críticas devido a suas avaliações sobre a *Enron*. A empresa energética recebeu classificação de empresa recomendável para investimento até quatro dias antes de requerer concordata em 2 de dezembro de 2001, a maior já registrada na história dos Estados Unidos. Naquele período o senador Joseph Lieberman disse em entrevista, sobre a audiência de desempenho das agências de *rating*: *"Temos de examinar seriamente a possibilidade de criar algum tipo de sistema de prestação de contas e monitoramento do que as agências estão fazendo"*. A *Standard & Poor's*, a *Moody's Investors Service,* entre outras empresas cujas classificações movimentam trilhões de dólares em investimentos, defenderam-se dizendo que não dispunham de informações sobre a *Enron* que pusessem os investidores em risco e que justificasse o rebaixamento em sua classificação.

Desta forma, a *S&P* manteve o status de "BBB+" da *Enron* mesmo depois de 15 de outubro, quando a gigante do setor energético retificou os demonstrativos de lucros e ceifou US$ 1,2 bilhão em patrimônio líquido. Em 25 de outubro, a S&P afirmou que aspectos das atividades da *Enron* continuavam "estáveis". A agência de *rating* rebaixou a *Enron* para o status "BBB-" no dia 9 de novembro, depois que a empresa anunciou ter retificado seus demonstrativos de lucros retroativamente desde 1997. No dia 28 de novembro, quando a Dynegy encerrou as conversações com vistas à fusão com a Enron, a *Standard & Poor's* rebaixou a Enron para a classificação "B-", seis notas abaixo da linha considerada mais segura para investimentos (*"investment grade"*). A "BBB-" é a primeira nota acima dessa linha. Desde então, a S&P defende que as empresas sejam solicitadas a revelar esses mecanismos, que determinam que as companhias amortizem as dívidas tomadas em caso de queda das classificações de crédito.

Foi fato notório que as agências *Moody's, Standard & Poor's* e *Fitch* não alertaram os investidores adequadamente sobre a falência de empresas como Enron, Worldcom e Parmalat. As agências de *rating* mantiveram a classificação *"investment grade"* para a dívida da Enron até pouco antes do colapso da companhia.

A Enron, assim como outras que depois caíram na malha fina da *Securities and Exchange Commission* sob suspeita de fraudes, possuía classificações de risco muito aquém daquela que estava sendo efetivamente corrida pelos investidores. As três maiores agências de risco – *Moody's, Standard & Poor's* e *Fitch* – recebiam taxas substanciais da Enron. Algumas semanas antes do pedido de falência da Enron (quando as ações já estavam negociadas a US$ 3) todas continuavam a dar um *rating "investment grade"* para a dívida da Enron. O *"investment grade"* era condição necessária para viabilizar as SPEs.

Conclusão

As agências de *rating* têm sido alvo de especulações a respeito de seu envolvimento com escândalos que marcaram o mercado financeiro, como no caso do Banco Santos, Enron e Parmalat. Como ponto crítico, destacamos a relação conflitante entre a missão das agências e a sua relação com os clientes. O processo de análise para a classificação do risco a que são submetidos os ativos, empresas e país não são claramente definidos e disseminados. Neste caso, torna-se explícita a necessidade de uma maior transparência por parte das agências de risco. Em regra, a transparência gera credibilidade.

Outra questão relevante a ser considerada é a revisão da legislação que regulamenta as atividades e as responsabilidades das agências de *rating*. Esta regulamentação precisa ser mais específica quanto às normas que vinculam as atividades e sobre a responsabilidade civil das agências de risco alinhada aos interesses dos usuários. Na medida em que estas empresas são especializadas em analisar o risco e possuem profissionais (analistas) a seu serviço, elas devem garantir a qualidade de seus pareceres e se responsabilizarem por eventuais problemas decorrentes destes. O Código de Conduta Ética deve ser seguido como forma de reafirmar seu empenho e a probidade de suas ações.

O Banco Central deveria atuar diretamente como órgão fiscalizador, garantindo os interesses dos agentes financeiros e a competitividade entre as agências de *rating*. Em 2008, existiam cerca de 130 a 150 agências de classificação de risco em todo o mundo, mas apenas duas delas representavam 80% do mercado. O motivo, segundo alguns especialistas, está no sistema de concessão de licenças do regulador norte--americano, a *Securities and Exchange Commission* (SEC). Para que as classificações emitidas pelas agências sejam aceitas para fins legais, é preciso que elas tenham o selo conhecido como NRSR (*National Recognised Statistical Rating*), atribuído pela SEC. Muitos defendem o fim de tais licenças e sugerem que as agências se submetam a um processo de registro na SEC semelhante ao das companhias abertas.

Desta forma, somos levados a acreditar que ainda existem muitas ações a serem tomadas com o intuito de melhorar a qualidade dos *ratings* emitidos. Mas vale destacar que avanços já foram conseguidos nesta empreitada e que hoje o interesse acerca do tema vem crescendo. O interesse gera conhecimento, e o conhecimento leva à ação.

Em virtude das descobertas feitas no decorrer deste trabalho, tem-se o entendimento de que a suposição acerca do tema se confirmou, as agências de *rating* influenciaram os investidores em sua decisão de investimento ao optarem por aquelas operações financeiras classificadas como *"investiment grade"*.

São diversas as possibilidades de estudos a serem desenvolvidos a partir do tema abordado neste trabalho. Espera-se que esta pesquisa sirva de incentivo para a produção e aprofundamento de futuros trabalhos. Nesse sentido, a sugestão é que sejam realizadas pesquisas e trabalhos a respeito dos seguintes assuntos:

a) responsabilidade das agências de *rating* sobre seus pareceres divulgados;
b) estudo sobre a legislação vigente que regulamenta a atividade exercida pelas agências de *rating*;
c) investigação dos métodos usados pelas agências de *rating* para classificação dos riscos soberanos, corporativos e de ativos;
d) estudo sobre a influência do *rating* no comportamento do investidor.

A realização desses estudos poderá enriquecer o tema e possibilitar que novas ideias e práticas sejam incorporadas as utilizadas atualmente, aprimorando-as.

Recomenda-se que as agências de *rating* adotem os princípios de Governança Corporativa e se comprometam juridicamente com as informações prestadas. Esta atitude irá conferir probidade e credibilidade às avaliações.

Aos governos e aos Bancos Centrais, recomenda-se que seja revista a legislação que orienta e fiscaliza as atividades desenvolvidas pelas agências de *rating* a fim de incentivar a competitividade.

Em relação aos agentes financeiros, e em especial aos investidores, enquanto não forem sentidas mudanças reais no mercado em relação à atuação das agências de *rating*, recomenda-se atenção a suas avaliações, e que estas não sejam o único critério adotado na decisão de investimento.

Referências bibliográficas

BODIE, Zvie; KANE, Alex; MARCUS, Alan J. *Fundamentos de investimentos*. São Paulo: Bookman, 2007.

BERNSTEIN, Peter L. *Desafio aos deuses*: a fascinante história do risco. [Trad. Ivo Korytowski]. Rio de Janeiro: Campus, 1997.

DUARTE, Antônio Marcos Jr.; PINHEIRO, Fernando Antônio; JORDÃO, Manuel Rodrigues; BASTOS, Norton Torres. "Gerenciamento de riscos corporativos: classificação, definições e exemplos". In: *Global Risk Management*. São Paulo: 2003.

GITMAN, L. *Princípios de administração financeira*. São Paulo: Harbra, 2001.

GREENSPAN, Alan. *A era da turbulência*. Rio de Janeiro: Campus, 2008.

_____. *A era da turbulência* – capítulo especial. Rio de Janeiro: Campus, 2009.

LIMA, Siqueira Iran. *Curso de mercado financeiro*. São Paulo: Atlas, 2007.

ROSS, Westerfield Jaffe. *Administração financeira*: corporate finance. São Paulo: Atlas, 2007.

SILVA, Luiz Carvalhal da. *Governança corporativa e sucesso empresarial*. São Paulo: Saraiva, 2006.

STIGLITZ, Joseph E. *Os exuberantes anos 90*. São Paulo: Companhia das Letras, 2003.

TALED, Nassin Nicholas. *A lógica do Cisne Negro*. Rio de Janeiro: Bestseller, 2007.

VERGARA, Sylvia Constant. *Projetos e relatórios de pesquisa em Administração*. São Paulo: Atlas, 2007.

FILHO, Ernani Teixeira Torres. "Entendendo a crise do *subprime*". In: *BNDES Visão de desenvolvimento*, 18 de janeiro de 2008, n. 44.

JUNIOR, Gilberto Rodrigues Borça; FILHO, Ernani Teixeira Torres. "Analisando a crise do *subprime*". In: *Revista do BNDES*. Rio de Janeiro, v. 15, n. 30, p. 129-159, dez. 2008.

Solidus S.A. *Corretora de Câmbio e valores mobiliários*. Análise em evidência: a crise do *subprime* e a economia mundial. 10 de setembro de 2007.

Artigos de revistas

Revista Capital Aberto. "CFA aponta conflito de interesses nas agências de *rating*". Ano 5, n. 60, Agosto/2008, p. 64-65.

Revista Capital Aberto. "SEC propõe pacote de regras para as agências de *rating*". Ano 5, n. 59, Julho/2008, p. 64-66.

Revista Capital Aberto. "Assédio internacional: com a confirmação do grau de investimento pela Fitch, gestores de fundos estrangeiros renovam suas apostas no País". Ano 5, n. 58, Junho/2008, p. 36-38.

Revista Capital Aberto. "Crise do *subprime* exige novas regras para enquadrar as agências de *rating*". Ano 5, n. 56, Abril/2008, p. 64-66.

Revista Capital Aberto. "No alvo dos reguladores: Depois da crise dos subprime, independência das agências de *rating* é novamente colocada em xeque". Ano 5, n. 51, Novembro/2007, p. 54-57.

Revista Capital Aberto. "*Subprime* evidencia conflito das agências de *rating*". Ano 5, n. 50, Outubro/2007, p. 66-67.

Revista Capital Aberto. "Vale a pena obter o *investment grade*? Atenção: nem sempre perseguir este objetivo é a melhor opção". Ano 5, n. 50, Outubro/2007, p. 45.

Revista Capital Aberto. "Regulador francês quer monitorar agências de *rating*". Ano 4, n. 44, Abril/2007, p. 56.

Revista Capital Aberto. "Colação de grau: Cresce a lista de companhias que conquistam o selo *investment grade* e passam a integrar o seleto clube de bons pagadores". Ano 4, n. 39, Novembro/2006, p. 14-18.

Revista Capital Aberto. "Fundos de *hedge* entram no alvo das agências de *rating*". Ano 4, n. 37, Setembro/2006, p. 70.

Revista Capital Aberto. "Concentração de agências de *rating* sob ataque nos EUA". Ano 3, n. 32, Abril/2006, p. 56.

Revista Capital Aberto. "Agências de *rating* explicam métodos de análise". Ano 2, n. 24, Agosto/2005, p. 61.

Revista Capital Aberto. "Fitch lança código em linha com Iosco". Ano 2, n. 21, Maio/2005,| p. 58.

Revista Capital Aberto. "Mercado pede fiscalização da SEC para agências de *rating*". Ano 2, n. 19, Março/2005, p. 44.

Revista Capital Aberto. "Proteção excessiva? Mercado questiona barreiras impostas pela CVM em instrução que regulamenta os CRIs vendidos a varejo". Ano 2, n. 18, Fevereiro/2005, p. 8-11.

Revista Capital Aberto. "Risco de credibilidade: Debate proposto pela Iosco e crise do Banco Santos levantam discussões sobre a regulamentação e os deveres civis das agências de *rating*". Ano 2, n. 16, Dezembro/2004, p. 6-10.

Revista Capital Aberto. "Lições do Banco Santos: Fiscalização do BC não deve se ater apenas à regularidade das transações bancárias". Ano 2, n. 16, Dezembro/2004.

Revista Capital Aberto. "Raio-X do escândalo Parmalat 3 - A omissão dos espectadores". Ano 2, n. 14, Outubro/2004, p. 38-41.

Revista Capital Aberto. "*Rating*s em linha com princípios da Iosco". Ano 1, n. 3, Novembro/2003, p. 43.

Sites visitados

Bovespa, Dicionário de Finanças. Disponível em: <www.bovespa.com.br/Principal.asp>. Acesso em: 30 abr. 2008.

Disponível em: <www.standardpoors.com>. Acesso em: 10 fev. 2008.

Disponível em: <www.moodys.com.br> Acesso em: 10 fev. 2008.

CAPÍTULO 8

A participação das agências de *rating* no mercado de capitais brasileiro

Rômulo Mattos de Carvalho

O problema
Introdução

No contexto da globalização, vivenciam-se contínuas mudanças no ambiente dos negócios devido à maior integração econômica e financeira. Tais mudanças exigem adaptação dos investidores e firmas aos novos rumos do mercado. Consequentemente, as agências de classificação de risco (agências de *rating*) atuam no mercado no sentido de produzir informações e avaliações precisas com o objetivo de fornecer instrumentos cada vez mais importantes para a tomada de decisões.

Segundo Hill (2004, p. 6), as primeiras agências de *rating* surgiram no início do século XX, mais precisamente em 1909, nos Estados Unidos, por John Moody, com a criação da antecessora da *Moody's Investor Service*. Durante aquele período, havia a necessidade das indústrias em levantar capital para seus negócios por meio de sócios capitalistas, e as agências de *rating* atuavam no sentido de auxiliar os investidores a ponderar sobre os custos e benefícios das operações. Em 1916 surgiu a *Standard & Poor's*, especializada na avaliação dos títulos emitidos pelo setor ferroviário norte-americano e, logo em seguida, em 1924, também nos Estados Unidos, surgiu a *Fitch*, a terceira grande agência com presença mundial até os dias de hoje.

Os investidores, ao analisar uma companhia, passaram a confiar nas avaliações das agências de *rating* para aplicar seus recursos de forma mais segura, pois as análises feitas por essas agências permitem ao investidor obter informações sobre a capacidade que o emitente da dívida possui de honrar suas obrigações. Esta é a razão pela qual as agências de *rating* passaram a ter influência no mercado de capitais.

Conforme assinala Assaf Neto (2006, p. 75), o mercado de capitais é o grande municiador de recursos permanentes para a economia. A capacidade de financiamento proporcionada pelo mercado de capitais às empresas nacionais é extremamente importante para a geração de riqueza no país, visto que o crédito, apesar de sua importância, ainda é uma fonte de captação dispendiosa para as empresas brasileiras. Portanto, o mercado de capitais assume relevância na alocação de recursos entre agentes poupadores e investidores, proporcionando às empresas o financiamento de seu crescimento e expansão.

As agências de *rating* se propõem a fazer classificações segundo critérios próprios para calcular e divulgar as classificações de riscos de ativos financeiros, ou seja, ativos com pouca capacidade de honrar suas dívidas recebem notas situadas no grau especulativo, já os ativos com boa capacidade de pagamento recebem notas inseridas em grau de investimentos.

Diante do exposto, torna-se relevante aprofundar reflexões acerca da seguinte questão: Qual é a importância das agências de *rating* para o mercado de capitais brasileiro?

Suposição

Supõe-se que a atuação das agências de *rating* no mercado de capitais brasileiro pode desempenhar papel crucial no ambiente econômico vigente, influenciando a tomada de decisão dos agentes por meio das notas (*ratings*) concedidas às empresas, contribuindo e tornando-se peças fundamentais para as decisões de investimento, políticas de gestão dos emissores e, consequentemente, na alocação de recursos na economia.

Objetivos

Objetivo final
O objetivo final desta pesquisa é apresentar a importância das agências de *rating* para o mercado de capitais brasileiro.

Objetivos intermediários
Os objetivos intermediários a serem atingidos neste trabalho são:

- compreender a importância do mercado de capitais para o crescimento econômico;
- explicar os conceitos relativos aos riscos de mercado, de crédito, de liquidez, operacional, legal e as agências de classificação de risco;
- compreender como se deu o surgimento das principais agências de *rating*;
- analisar o processo de construção dos *ratings*, as escalas utilizadas por estas agências e os usuários de *rating*;

- investigar a atuação das agências de *rating* no Brasil, assim como suas contradições e polêmicas.
- analisar as vantagens das informações de classificação de risco e expor reflexões sobre a participação das agências de *rating* no mercado de capitais brasileiro.

Delimitação do estudo

Diante da complexidade do tema, o presente trabalho restringe-se ao conceito dos principais riscos financeiros, e as agências de risco abordadas serão as principais agências internacionais: *Standard & Poor's Service, Moody's Investors Service e Fitch Ratings*, embora outras agências sejam mencionadas para efeito de contextualização do assunto abordado.

O estudo ficará restrito à atuação das agências de *rating* no âmbito do mercado de capitais brasileiro, não sendo objeto de estudo questões relativas à política governamental de forma geral.

A pesquisa cobriu aspectos relativos ao período de 1992-2008, visto que somente nessa época a *Standard & Poor's* atribuiu o primeiro *rating* para instituições brasileiras, apesar destas notas não terem sido divulgadas em virtude de serem subsidiárias de empresas multinacionais. Destacamos que o período analisado é importante, pois foi o primeiro registro de atuação de uma das principais agências de *rating* no Brasil.

Relevância do estudo

Admitindo-se que os *ratings* podem ser atribuídos para empresas com problemas financeiros e com dificuldades em honrar suas obrigações, ou, ao mesmo tempo, para empresas que não incorporam riscos de investimentos, o entendimento das notas de crédito das agências pode auxiliar os potenciais investidores com informações complementares na tomada de decisões.

Acreditamos poder contribuir com o meio acadêmico, haja vista que o assunto suscita reflexões no que tange a relação entre termos, como *investment grade* (grau de investimento) e as agências de classificação de risco, servindo como referência para trabalhos posteriores.

Metodologia

Tipo de pesquisa

O presente trabalho segue as propostas de Vergara (2009), que classifica as pesquisas quanto aos seus fins e quanto aos meios.

Quanto aos fins, trata-se de pesquisa descritiva com base para investigação explicativa, considerando-se a necessidade de descrição e explicação de conceitos teóricos pertinentes ao entendimento da importância das agências de *rating* para o mercado de capitais brasileiro.

Quanto aos meios, a pesquisa classifica-se como bibliográfica, pois a fundamentação teórica e metodológica foi extraída de diversas publicações, tais como livros, artigos, revistas, jornais, Internet e material de acesso ao público em geral.

Coleta de dados

Os dados foram coletados por meio de pesquisa bibliográfica, sendo privilegiadas fontes primárias e secundárias em livros, artigos, revistas, jornais e sites com dados pertinentes ao assunto. O objetivo é obter informações acerca da relação existente entre as agências de *rating*, companhias e investidores.

Tratamento dos dados

Os dados foram tratados de forma qualitativa em conformidade com os objetivos preestabelecidos, garantindo reflexões e conclusões acerca do objeto pesquisado.

Limitações do método

Quanto à limitação do método, cabe ressaltar que, por se tratar de uma pesquisa bibliográfica, o trabalho está submetido à subjetividade da interpretação do autor, no que se refere à atuação das agências de *rating* no Brasil. Contudo, tentamos manter uma postura neutra, buscando evitar qualquer tipo de viés de caráter ideológico.

Mercado de capitais e risco

Este tópico se propõe a apresentar o quadro geral dos conceitos relacionados com o mercado de capitais e risco, assim como pretende definir os tipos de riscos financeiros, com o intuito de fornecer os subsídios necessários para a compreensão do que é apresentado nos capítulos posteriores.

Mercado de capitais

Através da principal função de confrontar recursos dos agentes poupadores com os agentes tomadores de empréstimos, o sistema financeiro contribui de maneira direta para o crescimento e desenvolvimento de um país, pois permite, de maneira organizada, que os tomadores de empréstimos invistam suas poupanças no meio produtivo. Por essa razão, as instituições financeiras contribuem para a geração de riqueza, emprego e renda.

O mercado de capitais é uma parte do sistema financeiro que permite a captação de recursos sem a necessidade de tomada de empréstimos e, consequentemente, sem a obrigação de pagamento de juros.

Segundo Assaf Neto (2006, p. 75), o mercado de capitais assume um papel dos mais relevantes no processo de desenvolvimento econômico, em virtude da ligação existente entre os que têm capacidade de poupança, ou seja, os investidores, e aqueles agentes carentes de recursos de longo prazo, ou seja, que apresentam déficit de investimento.

É importante que exista um constante fluxo de poupança financeira propiciada pela existência de certo grau de monetização. Pelo lado da demanda por ativos financeiros, é necessária uma presença significativa de indivíduos e instituições no mercado. Pelo lado da oferta, é preciso uma disponibilidade de um volume relativamente grande de títulos e obrigações, consubstanciada tanto pela presença de um estoque disponível quanto pela emissão regular de novas ações e títulos e, consequentemente, por um grande número de compradores e vendedores.

Tipos de risco

De acordo com Bernstein (1997, p. 8), a palavra risco é originária do italiano *risicare* que significa ousar. Diante dessa premissa, o autor destaca que risco é uma opção e não um destino. Gitman (2006, p. 205) define basicamente o risco como a chance de perda financeira, ou seja, ativos com chances maiores de perda são vistos como mais arriscados do que aqueles com chances menores de perdas. Formalmente, o termo risco é usado alternadamente com a palavra incerteza ao se referir à variabilidade de retornos associada a um dado ativo.

É importante citar que uma das medidas mais eficazes e clássicas tomadas no processo de definição de riscos foi introduzida pelos estudos de Markowitz (1952), na qual o autor o define como a variância ou desvio em relação à média de uma série de retornos. Desde então, risco, variância e volatilidade tornaram-se sinônimos.

Segundo Duarte (1996, p. 2), o risco está presente em qualquer operação do Mercado Financeiro e pode ser definido como um conceito "multidimensional" que cobre quatro grandes grupos: risco de mercado, risco operacional, risco de crédito e risco legal.

Jorion (2003, p. 14) relaciona os riscos financeiros a possíveis perdas nos mercados financeiros, em que a única constante seria a imprevisibilidade. Quanto aos tipos de riscos financeiros, podem ser classificados como: risco de mercado, risco operacional, risco de crédito, risco legal e risco de liquidez.

Segundo Yazbek (2007, p. 28), as categorias de risco encontram-se em níveis distintos, ou seja, os riscos de crédito, de liquidez e de mercado apresentam relações de natureza financeira, podendo aumentar a possibilidade de ocorrência devido à volatilidade de preços e taxas em geral. Já o risco legal e operacional dizem respeito a questões que não são propriamente financeiras e, portanto, não são facilmente quantificáveis.

Risco de mercado

Duarte (1996, p. 3) define o risco de mercado como a possibilidade de perdas de determinados ativos causadas por mudanças inesperadas em fatores de mercado. Tal conceito de risco pode ser dividido em quatro grandes áreas: risco de mercado acionário, risco do mercado de câmbio, risco do mercado de juros e risco do mercado de *commodities*.

Para Jorion (2003, p. 14), o risco de mercado é oriundo de movimentos nos níveis ou nas volatilidades dos preços de mercado, havendo dois tipos de risco de mercado: o risco absoluto e o risco relativo.

Enquanto o risco absoluto refere-se à volatilidade dos retornos totais, o risco relativo mede o risco em termos do desvio em relação a algum índice.

Risco de crédito

Segundo Jorion (2003, p. 15), o risco de crédito surge quando as contrapartes não desejam ou não são capazes de cumprir suas obrigações contratuais. Sendo assim, o risco de crédito pode ser definido como o não pagamento de um título por uma determinada contraparte. Este autor ressalta que o risco de crédito inclui o risco soberano e o risco de liquidação.

Duarte (1996, p. 4) divide o risco de crédito em três grupos: risco do país (moratórias de países), político (restrições ao fluxo livre de capitais entre países, estados e municípios), da falta de pagamento (quando uma das partes não pode mais honrar o compromisso assumido).

O risco soberano ocorre quando os países impõem controles cambiais que impossibilitam às contrapartes honrar suas obrigações. Enquanto o risco de inadimplência é especificamente relacionado às empresas, o risco soberano aplica-se a países.

O risco de liquidação é aquele presente em operações de câmbio, que implicam troca de pagamentos em moedas diferentes em horários diferentes.

Risco de liquidez

Segundo o artigo 2º da Resolução nº 2.804/2000 do Conselho Monetário Nacional, o risco de liquidez é definido como a ocorrência de desequilíbrios entre ativos negociáveis e passivos exigíveis, ou seja, descasamentos entre os pagamentos e recebimentos que possam afetar a capacidade de pagamento de uma instituição, levando-se em consideração diferentes moedas e prazos de liquidação de seus direitos e obrigações. O risco de liquidez está diretamente ligado à falta de recursos imediatos para saldar uma liquidação.

Conforme ensina Jorion (2003, p. 16), o risco de liquidez assume duas formas distintas, porém intimamente relacionadas: risco de liquidez de ativos ou de mercado e risco de liquidez de financiamento ou de fluxo de caixa. O primeiro deles surge quando uma transação não pode ser conduzida aos preços vigentes de mercado devido ao fato de o volume envolvido ser muito elevado em relação aos volumes normalmente transacionados e variar de acordo com os tipos de ativos, mercados em que são negociados e ao longo do tempo em função das condições de mercado. Já o risco de liquidez de fluxo de caixa está relacionado com o surgimento de dificuldades para cumprir com as obrigações contratadas nas datas previstas. Essas dificuldades podem levar a liquidações antecipadas e desordenadas de ativos, aumentando a exposição ao risco de liquidez de mercado.

Risco operacional

Conforme dispõe o artigo 2º da Resolução nº 3.380/2006 do Conselho Monetário Nacional, risco operacional é a possibilidade de ocorrência de perdas resultantes de falha, deficiência ou inadequação de processos internos, pessoas e sistemas, ou de eventos externos. Também inclui o risco legal associado à inadequação ou deficiência em contratos firmados pela instituição, bem como a sanções em razão de descumprimento de dispositivos legais e a indenizações por danos a terceiros decorrentes das atividades desenvolvidas pela instituição.

Segundo Jorion (2003, p. 17), o risco operacional pode resultar em risco de crédito e de mercado, pois, no caso de um problema operacional, tal como uma falha na liquidação, pode ocorrer a geração de risco do crédito e do risco de mercado, em virtude de seu custo depender de movimentos nos preços de mercado.

Risco legal

Partindo da definição apresentada por Duarte (2005, p. 6), o risco legal pode ser entendido como a medida das perdas potenciais decorrentes da violação da legislação, de contratos pouco claros ou mal documentados da qualidade de aplicação da lei e da criação de novos tributos (ou da reinterpretação dos existentes).

Cabe destacar que, segundo Jorion (2003, p. 18), o risco legal está presente quando uma transação pode não ser amparada por lei. Geralmente ele está relacionado ao risco de crédito, pois as contrapartes que perdem dinheiro em uma transação podem tentar achar meios legais para invalidá-las.

Agências de classificação de risco

As agências de classificação de risco são instituições que buscam informações sobre diferentes títulos, em diferentes partes do mundo, classificando os riscos de cada tipo de investimento por meio de uma nota ou *rating,* que são expressos na forma de letras e sinais aritméticos que apontam para o maior ou menor risco de ocorrência de um *default,* ou seja, suspensão de pagamentos. Dessa forma, os investidores passaram a contar com um instrumento adicional para a tomada de decisões.

Segundo a agência de classificação de risco *Standard & Poor's* (2008), a classificação de risco é uma opinião quanto à qualidade geral do crédito de um emissor, com base em fatores de riscos relevantes.

Uma preocupação das agências de classificação de risco é destacar que sua classificação, ou seja, seu *rating* não configura uma recomendação de compra ou venda de determinado ativo. A principal função das agências de risco é propiciar aos investidores e outros participantes do mercado informações precisas e imparciais sobre a capacidade de as empresas honrarem seus compromissos. Tal motivo deve-se ao fato de essas empresas não estarem diretamente envolvidas nas transações realizadas no mercado de capitais.

As empresas mais conhecidas na avaliação de risco são a *Standard & Poor's Service*, *Moody's Investors Service* e *Fitch Ratings*.

As agências de *rating*

Este capítulo busca estabelecer uma revisão da história e do desenvolvimento das principais agências de *rating*. Assim como o processo de construção dos *ratings*, as escalas de classificação e uma breve apresentação das metodologias de *rating* corporativo utilizadas por estas agências, finalizando a seção com os usuários de *rating* e os *ratings* em escala nacional, com o intuito de entender o papel que estas instituições desempenham no cenário econômico vigente.

Surgimento das principais agências de *rating*

Segundo Hill (2004, p. 6), as agências de *rating* iniciaram sua história em 1909, data da criação da antecessora da *Moody's Investor Service* nos Estados Unidos. No início daquele século, havia a necessidade por parte das indústrias em levantar capital para seus negócios juntamente com sócios capitalistas. Por essa razão, as agências de *rating* passaram a ter como proposta inicial auxiliar os investidores para que pudessem ponderar os custos e benefícios específicos de cada operação.

Em 1916, foi constituída uma nova empresa especializada na análise dos títulos emitidos pelo setor ferroviário dos Estados Unidos, que foram os primeiros títulos vendidos em grande escala. Esta agência se tornaria mais tarde a conhecida *Standard & Poor's*. Em 1924 houve o surgimento da terceira grande agência de *rating* mundial com atividades até os dias de hoje, conhecida como *Fitch*. Cabe ressaltar que esta última atualmente é constituída por capital francês, devido ao processo de fusão e aquisição de várias outras agências de menor porte como o *IBCA, Thompson Bank Watch e Duff & Phelps*, além da própria *Fitch*.

Segundo o *Bank of International Settlements*, existem entre 130 e 150 agências de *rating* em todo o mundo, e as três principais agências ainda concentram o mercado.

Em 1996, Thomas Friedman, colunista do *New York Times*, caracterizou a Moody's como sendo um dos principais detentores de poder no mundo, o outro grande detentor seria os Estados Unidos (Hill, 2004, p. 7).

Hill (2004, p. 8) afirma ainda que estas agências sejam "chaves do capital e da liquidez", pois influenciam diretamente empresas na concessão de empréstimos financeiros, afetando a decisão de projetos e, consequentemente, o valor de suas ações, caso sejam negociadas em bolsa de valores. Além disso, a legislação de diversos países, inclusive a do Brasil, dispõe que títulos de dívida a serem emitidos pelas empresas devem ser submetidos a, no mínimo, duas classificações de risco realizadas por agências de *rating*.

Ainda segundo Hill (2004, p. 2), a terminologia utilizada pelas agências de *rating* comprova a forte presença dessas agências no nosso cotidiano, pois o uso da categoria de maior classificação de *rating* (AAA) é utilizado frequentemente, já que geralmente tudo que é classificado como de alta qualidade são chamados de AAA.

As agências de *rating* partem do princípio de que a opinião dada é chamada de qualificada, ou seja, a diferença entre um *rating* e outro representa a probabilidade de *default* dos juros e do principal de determinadas empresas. Cabe ressaltar que por não possuir relação alguma com o perfil de aversão ao risco pelos investidores, estes podem ter diferentes percepções das classificações dadas aos títulos.

A *Securities and Exchange Commission* (SEC), órgão regulador dos mercados acionistas dos Estados Unidos, elegeu em 1975 as agências *Moody´s, Standard & Poor´s* e *Fitch* como as primeiras *Nationally Recognized Statistical Rating Organizations* (NRSRO) ou (Organização de Classificação de Riscos Nacionalmente Reconhecida) e as classificações atribuídas por essas agências passaram a ser referência para o padrão de qualidade de crédito.

Moody's Investors Service

Empresa criada em 1900, por John Moody, com a publicação do *Moody's Manual of Industrial and Miscellaneous Securities*. O manual continha informações e estatísticas sobre ações e títulos de instituições financeiras, empresas manufatureiras, órgãos públicos, empresas de alimentação, mineradoras e concessionárias de serviços públicos.

Com a quebra da Bolsa de Nova York, em 1907, a empresa de John Moody, conhecida como John Moody & Company, não dispunha de capital suficiente para sobreviver e o negócio de manuais foi desfeito. Em 1909, John Moody retornou ao mercado financeiro com a inovação de oferecer aos investidores análises sobre o valor de seus títulos. Sua empresa publicou um livro que analisava as companhias ferroviárias e seus títulos no mercado. Com conclusões sobre a qualidade relativa dos investimentos, Moody entrou no mercado de ações e títulos das companhias ferroviárias dos Estados Unidos e tornou-se o primeiro a classificar títulos e valores mobiliários.

Em 1913, John Moody expandiu sua base de empresas analisadas, iniciando a avaliação de concessionárias de serviço público e de companhias industriais. Após um ano, em 1º de julho de 1914, foi constituída a *Moody's Investors Service*.

Na década de 1980, a *Moody's* passou a atuar fora no mercado norte-americano, com o intuito de organizar uma equipe multinacional e uma rede de escritórios para classificar a dívida de emitentes dos mercados de títulos em rápida expansão.

Atualmente, a *Moody's Investors Service* está entre as principais provedoras de *rating* de crédito, pesquisa e análise de risco do mundo. Dentre os seus clientes, há emissores de títulos corporativos e governamentais, assim como depositantes, credores, investidores institucionais, bancos de investimento, bancos comerciais e outros intermediários financeiros. Cabe ressaltar que a *Moody's* não atribui *ratings* às ações.

Standard and Poor's

A história da *Standard & Poor's* tem início em 1860 por Henry Varnum Poor, com a publicação de *History of Railroads and Canals in the United States*. O livro foi uma tentativa de compilar o máximo de informações sobre as companhias ferroviárias norte-americanas. Henry Varnum então fundou a *H.V. and H.W. Poor Co.* em parceria com seu filho, Henry William, que passou a publicar edições anuais atualizadas desse livro, divulgando os dados de cada ano.

Em 1906, Luther Lee Blake fundou o *Standard Statistics Bureau*, em virtude do levantamento de informações financeiras sobre companhias não ferroviárias.

A *Standard and Poor's* surgiu com a fusão ocorrida, em 1941, entre a *Standard Statistics* e a *Poor's Publishing Company*. Em 1966, a *Standard and Poor's* foi comprada pela editora *McGraw*. Atualmente a agência é uma divisão financeira da empresa *McGraw-Hill Companies*. Os *ratings* de crédito são atribuídos pelas empresas que deram origem a *Standard & Poor's* desde 1916.

A *Standard & Poor's* atua no mercado como fonte de *rating* de crédito, índices, informações sobre investimentos, avaliação de risco e dados. É também a criadora do índice S&P 500, que, segundo o site *Think Finance*, é um índice do mercado norte-americano que consiste em ações de 500 empresas escolhidas de acordo com tamanho, liquidez e setor.

Fitch Ratings

A *Fitch* iniciou suas atividades em 1924 com a classificação de dívidas. O Grupo *Fitch* é resultado da fusão, em abril de 2000, entre a *Fitch IBCA* (oriunda da fusão em dezembro de 1997 entre a *Fitch Investor Services* de Nova York e a *IBCA Limited* de

Londres) com a *Duff & Phelps Credit Rating Co.* de Chicago. Em 1º de dezembro de 2000, a *Fitch* adquiriu a agência norte-americana *Thomson BankWatch*, especializada em análise de instituições financeiras.

A *Fitch* tem dupla matriz em Nova York e em Londres, com um importante escritório em Chicago, e é controlada majoritariamente pela FIMALAC, em Paris.

A *Fitch* atribui classificações para instituições financeiras, empresas, operações estruturadas, seguradoras, fundos de investimentos, gestores de recursos, *ratings* soberanos e mercados financeiros públicos. Atualmente, a *Fitch Ratings* é uma das três agências de *rating* com massa crítica em todas as áreas de classificação de risco e reconhecida por todas as autoridades reguladoras, fornecendo *ratings* e pesquisa com aos investidores de mercados de capital globais.

O processo de *rating*

Via de regra, no processo de atribuição de um *rating*, as agências são abordadas por um participante do mercado que planeje captar recursos com a emissão de títulos de dívida no mercado de capitais. As agências de *rating* partem para uma análise que envolve desde a documentação pública e confidencial a entrevistas com os membros da administração. Após coletadas e analisadas todas as informações, chega-se a uma conclusão que é comunicada ao interessado. Se houver discordância do resultado, pode haver a complementação por meio de informações adicionais, com o intuito de modificar o grau obtido.

De acordo com as principais agências, o processo de construção do *rating* é formado por análises quantitativas, qualitativas e jurídicas. A primeira caracteriza-se basicamente pela análise financeira da empresa por meio de seus relatórios financeiros e projeções. A análise qualitativa fundamenta-se na verificação da qualidade da gestão, como estratégias e vantagens em relação ao seu campo de atuação ou indústria e vulnerabilidade às mudanças tecnológicas. Por fim, a análise jurídica preocupa-se com as questões trabalhistas e nas mudanças regulatórias.

Na designação de "*rating* de emissores", incluem-se os *ratings* de risco soberano e de crédito corporativo. Outro tipo de *rating* é o específico para o tipo de emissão, em que as agências geralmente utilizam símbolos gráficos para a escala adotada, com o objetivo de distinguir os papéis de curto e longo prazo, ou seja, o risco da operação é mensurado de acordo com as diferenças na escalas de classificação.

A análise conjuntural na qual as empresas e indústrias estão submetidas é um fator relevante e afeta diretamente na mensuração do *rating*. Avaliações sobre questões relativas ao risco soberano, fundamentos macroeconômicos e a legislação do país em que a empresa encontra-se situada, são de extrema importância para os processos de tomada de decisão.

De acordo com a *Standard & Poor's*, em um processo de *rating*, é necessário um acompanhamento detalhado dos fundamentos do negócio, o que inclui opinião sobre a posição competitiva da empresa e a avaliação dos administradores e de suas estratégias.

Todas as informações serão analisadas e discutidas por um comitê de *rating*, que dará o *rating* definitivo. Caso o emissor discorde da análise, este deverá recorrer com as informações adicionais, que deverá ocorrer antes da divulgação final para o publico. O processo de análise como um todo geralmente leva de quatro a seis semanas para ser concluído. Geralmente, o *rating* é revisado a cada ano, baseado em novos relatórios e novas informações. Caso ocorra alguma informação relevante em um espaço de tempo menor, o *rating* deverá ser revisado. Além disso, a agência poderá indicar que a qualquer momento um *rating* pode ser revisto. Essa indicação dá-se por meio de um aviso *"credit watch"* ou *"rating review"*.

As escalas de classificação de *rating*

Para a análise das diferentes escalas de classificação de *rating* de empresas e governos soberanos, as agências se utilizam de uma simbologia que representa os *ratings*, na qual os símbolos têm significados específicos em relação à qualidade dos emissores.

As três agências de classificação de risco de maior visibilidade, *Moody's, S&P e Fitch Ratings,* usam praticamente o mesmo sistema de letras e sinais, assim, a melhor classificação que um emissor pode obter é Aaa (*Moody's*) ou AAA (*S&P e Fitch*) que, conceitualmente, significam "capacidade extremamente forte de atender compromissos financeiros".

Cada agência de *rating* utiliza sua própria escala de classificação, geralmente simbolizada pela combinação de letras, sinais e algarismos. Segundo Canuto e Santos (2003, p. 10), cada agência possui uma taxonomia própria de classificação, o que dificulta sua interpretação e comparação.

O melhor *rating* possível (AAA ou Aaa) reflete que um investidor pode ter quase 100% de certeza de que um instrumento classificado com esse *rating* terá seu principal e juros pagos conforme programado. Os próximos *ratings* (de AAA- a BBB-), incluindo o *rating* máximo (AAA), formam o mencionado grupo de *investment grade*. Nesse caso, as agências de *rating* acreditam que o emissor tenha boa capacidade de pagar seu principal e juros. Qualquer instrumento de dívida classificado abaixo de BBB- é considerado de grau especulativo ou *junk*. Além de atribuir os *ratings* iniciais, as agências também monitoram os *ratings* de forma contínua, elevando ou rebaixando a classificação de acordo com o que entendem ser apropriado. As agências também podem colocar os *ratings* em *credit watch* quando se acredita que uma mudança nos *ratings* pode acontecer em breve (Canuto e Santos, 2003, p. 10). A Tabela 1 é utilizada para a classificação dos bônus e obrigações de longo prazo. Podem-se incluir ainda depósitos bancários de longo prazo, notas de médio prazo e ações preferenciais, quando possuírem características semelhantes aos títulos que rendem cupons relativos aos dividendos, o que serve para analisar a estrutura financeira de fundos mútuos, seguradoras e risco de contraparte em contratos derivativos.

Tabela 1

Risco	Moodys	S&P	Fitch
Categoria investimento	Aaa	AAA	AAA
	Aa1	AA+	AA+
	Aa2	AA	AA
	Aa3	AA–	AA
	A1	A+	A+
	A2	A	A
	A3	A–	A–
	Baa1	BBB+	BBB+
	Baa2	BBB	BBB
	Baa3	BBB–	BBB–
Categoria investimento de risco	Ba1	BB+	BB+
	Ba2	BB	BB
	Ba3	BB–	BB–
	B1	B+	B+
	B2	B	B
	B3	B–	B–
	Caa1	CCC+	CCC
	Caa2	CCC	CC
	Caa3	CCC–	C
	Ca	CC	DDD
	C	SD	DD
		D	D

Fonte: sites da Moody's, S&P e Fitch.

As classificações são variações da escala A, B, C, D. Na escala da S&P e da Fitch, a melhor classificação é "AAA" e a pior "D". Já na escala da Moody's, a melhor classificação é "Aaa" e a pior "C". Quanto pior a classificação, maior é a probabilidade de moratória e vice-versa (Canuto e Santos, 2003, p. 10).

Quanto às obrigações de curto prazo, são utilizadas para avaliar o risco de crédito para obrigações a vencer em até um ano, como as notas promissórias e depósitos bancários de curto prazo, procurando caracterizar a capacidade financeira e legal do cumprimento das condições contratadas.

Cabe ressaltar que a objetividade e a uniformidade das informações prestadas pelas agências de *rating* facilitam a tomada de decisões por parte dos investidores, já que há a possibilidade de planejamento dos investimentos. Em contrapartida, os emissores poderão ter acesso aos novos mercados e as instituições que atuam como intermediários financeiros teriam maior facilidade, em razão das informações uniformes. Dessa forma, o objetivo final dessas agências, dada a importância que um *rating* carrega, é ajudar o mercado como um todo.

Metodologias de *rating*

As metodologias de *rating* corporativo das três principais agências mundiais de *rating*, apesar de se diferenciarem em alguns aspectos, partem do mesmo princípio, ou seja, baseiam-se nos fatores que possam contribuir para que uma empresa não cumpra com suas obrigações frente aos seus credores.

Ao longo de quase um século, as agências de *rating* desenvolveram, independentemente, suas metodologias, que apresentam pequenas diferenças entre elas, de acordo com os setores analisados. *Rating* é somente uma das ferramentas que os investidores deveriam utilizar em seus processos de investimentos, pois devem também avaliar a credibilidade, idoneidade e o conhecimento técnico de uma agência ao emitir uma opinião, levando sempre em consideração, além da qualidade dos relatórios fornecidos, a independência e a integridade analítica do processo de *rating* (Guedes *et alii*, 2008, p. 39).

Metodologia de *rating* da Moody's

De acordo com o documento *Introdução aos Ratings da Moody's* (1999, p. 15), o processo de *rating* desta agência busca as informações referentes à avaliação dos riscos dos emitentes ou emissões e informa aos investidores sobre a qualidade de risco do ativo, entretanto, sem fazer recomendações entre a compra ou venda.

Antes de mencionar a metodologia de *rating* da *Moody's*, é importante compreender o grau de exatidão das classificações. As classificações da *Moody's* concentram-se especificamente no risco de perda de crédito decorrente de pagamento vencido ou atrasado. Outros riscos que possam estar diretamente relacionados com os investimentos, como o risco de perda de valor de mercado de um determinado ativo em função de variações nas taxas cambiais ou de juros, não são concebidos para efeito de medição.

Para efeito de análise, o gráfico a seguir mostra o histórico da *Moody's* para a previsão de inadimplência de títulos de longo prazo durante 80 anos, ou seja, entre o período entre 1920 e 1998. Segundo a *Moody's*, o gráfico mostra que, com a evolução do tempo, o risco de inadimplência irá crescer à medida que os *ratings* tornem-se mais baixos.

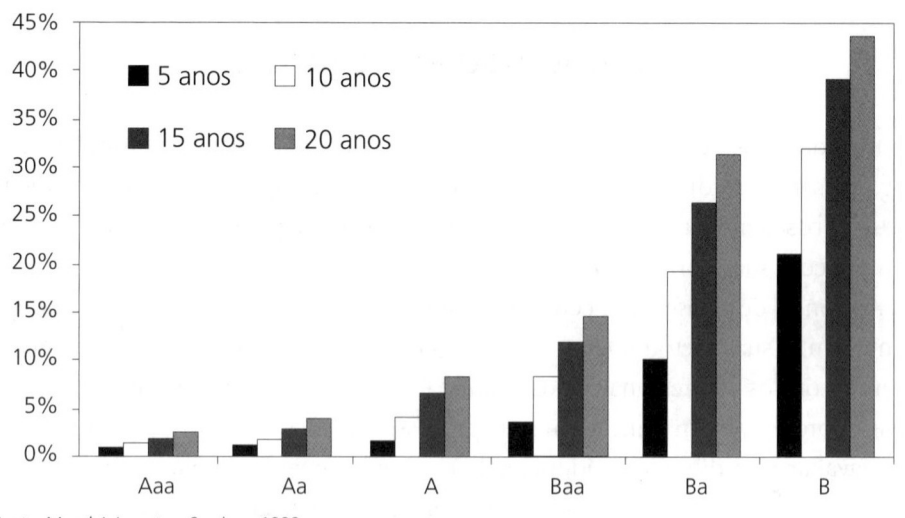

Gráfico 1: Inadimplência × Tempo, por categoria de *rating* – 1920-1998

Fonte: Moody's Investors Services, 1999.

De forma geral, o risco de inadimplência cresce à medida que o horizonte de tempo aumenta e os *ratings* tornam-se mais baixos. De acordo com o gráfico, em média, apenas 0,1% dos emitentes com classificação Aaa tornaram-se inadimplentes em um período de cinco anos e, em um período de dez anos, menos de 1%. Em contrapartida, em média, cerca de 30% dos emitentes com classificação B tornaram-se inadimplentes após 5 anos e 44% após dez anos.

Quanto à metodologia, alguns princípios básicos são destacados:

a) ênfase nos dados qualitativos;
b) foco sobre o longo prazo;
c) consistência mundial;
d) nível e previsibilidade do fluxo de caixa;
e) cenários razoavelmente adversos;
f) transparência nas práticas contábeis locais;
g) manutenção estrita da confidencialidade.

A quantificação é uma parte importante e integrante da análise de classificação da *Moody's*, pois oferece um ponto de partida objetivo para cada discussão analítica do comitê de classificação. As classificações da *Moody's* não se baseiam em um conjunto definido de quocientes financeiros ou modelos rígidos de computação, e sim na análise abrangente de cada valor mobiliário individual e cada emitente, conduzida por análise de crédito e pela avaliação de dados qualitativos.

A agência concentra-se em aspectos que impactam a capacidade de longo prazo de cada emitente de honrar suas obrigações, tais como tendências regulamentárias ou estratégias administrativas. Dessa forma, as classificações não visam acompanhar os movimentos dos negócios ou os ciclos de oferta e demanda e nem refletir os resultados do último trimestre, pois seria punitivo classificar um ativo de maneira conservadora devido ao desempenho fraco no curto prazo, pois há a possibilidade de recuperação do emitente no longo prazo.

São adotados vários mecanismos de constatação e verificação, concebidos para promover a equivalência universal das opiniões de classificação. As classificações são, de forma geral, limitadas ao teto de classificação soberana da nação em que o emitente está localizado. Dessa forma, a *Moody's* garante vários pontos de vista em cada decisão de classificação.

A avaliação do risco associado ao pagamento pontual e integral do principal e juros de um título específico está diretamente relacionada com o risco para o pagamento pontual, ou seja, é medida a capacidade do emitente em gerar fluxo de caixa no futuro. A ênfase principal durante a análise de classificação concentra-se na compreensão dos fatores estratégicos com a probabilidade de apoiar o fluxo de caixa futuro, ao mesmo tempo em que identifica fatores críticos que poderão inibir esse fluxo. A capacidade de o emitente reagir favoravelmente às incertezas também é outro fator importante, pois, quanto maior é a previsibilidade do emitente, maior será a garantia de que poderá efetuar os pagamentos e mais alta será sua classificação.

Os comitês de classificação examinam uma variedade de cenários para chegar a uma conclusão, pois as classificações visam medir a capacidade do emitente de pagar suas obrigações mesmo em cenários econômicos razoavelmente adversos às circunstâncias específicas.

As classificações da *Moody's* lidam frequentemente com sistemas contábeis internacionais e não estão vinculadas a nenhum sistema específico de um país. Na análise de dados financeiros, a *Moody's* concentra seu foco na compreensão da realidade econômica das operações subjacentes, como em até que ponto as diferenças nas convenções contábeis utilizadas podem ou não influenciar os valores econômicos reais. Durante a análise de ativos, há a preocupação em examinar a capacidade relativa de geração de caixa do emitente e não os valores em si, apresentados no balanço patrimonial.

Em todos os setores de classificação, muitas vezes os emitentes fornecem à *Moody's* informações que não estão no domínio público. Dessa forma é utilizada a política de manutenção estrita da confidencialidade e cabe ressaltar que o relacionamento entre os emitentes e o comitê de classificação também é confidencial.

Metodologia de *rating* da *Standard and Poor's*

Segundo a *Standard and Poor's*, os *ratings* de crédito da área de *Corporate & Government* (C&G) da *Standard & Poor's*, a qual inclui empresas, governos, instituições financeiras e seguradoras, podem ser divididos, de modo geral, entre aqueles atribuídos a devedores (emissores de dívidas) e a obrigações financeiras (emissões). O *Rating* de Crédito de Emissor (*Issuer Credit Rating* – ICR) é uma opinião atualizada sobre a capacidade e disposição do emissor para honrar pontualmente a obrigação. Tal opinião indica primordialmente a probabilidade de inadimplência (*default*), porém os *ratings* das emissões também podem refletir as perspectivas de recuperação no caso de *default*.

A *Standard & Poor's* utiliza análises de crédito fundamentalistas, amparadas por modelos quantitativos, e em conformidade com suas metodologias e critérios. As análises seguem uma estrutura sistemática, chamada *Rating Methodology Profile* (RAMP), e adequada para cada tipo de devedor. Os fatores de riscos financeiros e de negócio são os principais elementos para as análises de empresas e de instituições financeiras. Os *ratings* de crédito são frequentemente relacionados com análises financeiras, sobretudo com análise de indicadores. É importante ressaltar que as análises de *rating* iniciam-se com a avaliação da posição competitiva e de negócios da empresa.

O fator risco financeiro está relacionado com a análise financeira e inicia-se com a avaliação das práticas contábeis da empresa, em especial, qualquer tipo de prática incomum ou premissas subjacentes. Os principais indicadores financeiros inserem-se nas seguintes categorias: rentabilidade; alavancagem; adequação do fluxo de caixa; e liquidez e flexibilidade financeira. Para instituições financeiras e seguradoras, os principais fatores da análise são: a qualidade do ativo; as reservas para perdas; o gerenciamento de passivos / ativos; e a adequação do capital. Os índices específicos analisados variam de setor para setor e podem incluir: margens de lucro; retorno sobre investimentos; dívida / capital; fluxo de caixa / dívida; e cobertura do serviço da dívida. A análise do fluxo de caixa e da liquidez assume grande importância para entidades com *ratings* abaixo da categoria grau de investimento (igual ou inferior a "BB+").

O fator risco de negócio geralmente inclui: o risco-país; as características setoriais; a posição competitiva; e a eficiência de custos. As características setoriais normalmente abrangem: as perspectivas de crescimento; volatilidade; risco tecnológico; bem como o grau e a natureza da competição. O ambiente econômico é importante para a análise da qualidade de crédito de bancos. O ambiente regulatório afeta as companhias do setor de infraestrutura, seguradoras, bancos e outros setores. Cabe ressaltar que a diversidade de produtos e de serviços da empresa, e especialmente qualquer concentração de risco de uma instituição financeira são levados em consideração.

A *Standard and Poor's* afirma que, apesar da avaliação de qualquer uma das categorias mencionadas possa ser determinante para o *rating*, o risco setorial é fator que melhor determina o *rating* de crédito de qualquer participante, pois, em termos gerais, quanto menor o risco setorial, maior será o *rating* de crédito potencial das empresas daquele setor.

Para os governos soberanos, os principais determinantes da qualidade de crédito são os riscos político e econômico. Os riscos econômicos abrangem a capacidade de um país de cumprir suas obrigações financeiras pontualmente. Já os riscos políticos compreendem a disposição do governo para pagar. O risco político inclui a estabilidade e a legitimidade das instituições políticas. No âmbito dos governos regional e local, a análise inclui o suporte esperado e a previsibilidade do sistema público, bem como a adequação das receitas para atender às obrigações.

Portanto, as variáveis analíticas são inter-relacionadas e os pesos atribuídos a elas não são fixos. O grau de risco de negócio de uma empresa define os parâmetros de risco financeiro que ela pode suportar em cada categoria de *rating*. Uma empresa bem posicionada pode tolerar um risco financeiro maior para um determinado *rating* do que aquela com uma posição fraca. Duas empresas com métricas financeiras idênticas podem ser classificadas de formas bem diferentes, dependendo do quão diferentes são os desafios de negócios e perspectivas que elas apresentam.

Metodologia de *rating* da *Fitch*

As informações obtidas para o desenvolvimento desta seção foram obtidas por meio do site da *Fitch Ratings,* na qual se pode observar que em muitos aspectos os *ratings* corporativos se assemelham às metodologias anteriormente apresentadas.

Os *ratings* de crédito da *Fitch* constituem uma opinião quanto às condições de um emissor de honrar seus compromissos financeiros, tais como pagamento de juros, pagamento de principal ou obrigações com contrapartes. Os *ratings* de crédito são utilizados por investidores como indicação da probabilidade de receberem seu capital aplicado de volta.

A *Fitch* utiliza a Metodologia de *Rating* de Probabilidade de Inadimplência do Emissor (IDRs) para a avaliação de probabilidade do não cumprimento das obrigações por parte dos emissores. Os *Ratings* de Probabilidade de Inadimplência do Emissor de Curto e Longo Prazo (IDRs) podem ser atribuídos a entidades de determinados setores, incluindo empresas, instituições financeiras e emissores soberanos, os quais refletem a habilidade de uma entidade cumprir seus compromissos financeiros no prazo esperado. Conforme as outras classificações, estes *ratings* são extraídos das escalas internacionais de curto e longo prazo e identificados como IDRs.

O IDR de Curto Prazo é baseado no perfil de liquidez da companhia avaliada e está relacionado à capacidade de cumprimento das obrigações financeiras em um horizonte de curto prazo (menos de 13 meses, exceto para finanças públicas em que os *ratings* de curto prazo podem ser atribuídos em um horizonte de até três anos, em linha com os padrões da indústria.)

O IDR de Longo Prazo é atribuído a emissores e contrapartes, refletindo a habilidade de cumprimento de todas as obrigações financeiras no prazo esperado. O IDR de Longo Prazo, portanto, é efetivamente uma avaliação da probabilidade de inadimplência. Cabe ressaltar que os títulos de diferentes instrumentos da estrutura de capital de um emissor podem ter *ratings* maiores, menores ou iguais aos IDRs de Longo Prazo, com base na sua expectativa de recuperação, assim como na diferente disposição para pagar.

Usuários de *rating*

Os *ratings* desempenham um papel de extrema importância para os investidores, corporações e governos que captam recursos no mercado de capitais. Segundo a *Standard & Poor's* (2009), os investidores, ao tomarem suas decisões de negócios ou investimentos, podem utilizar os *ratings* para comparar o risco de crédito de um emissor ou de uma emissão de dívida individual com a sua tolerância ao risco. Ao mesmo tempo, os *ratings* podem ser usados pelas corporações para ajudá-las a captar recursos para projetos de expansão, bem como ajudar os governos a financiarem seus projetos públicos.

A *Standard & Poor's* (2009) classifica os usuários de *rating* em quatro grupos:

a) investidores;
b) intermediários;
c) emissores;
d) empresas e instituições financeiras.

Os investidores utilizam os *ratings* com o intuito de ajudá-los na avaliação do risco de crédito e para comparar diferentes emissores e emissões de dívida, quando tomam suas decisões de investimento e gerenciam suas carteiras, ou seja, as agências de *rating* produzem *expertise* que permite aos investidores terem uma melhor estimativa dos riscos envolvidos em seus investimentos.

Os intermediários, cuja principal função é facilitar o fluxo de capital entre investidores e emissores, podem utilizar os *ratings* para estabelecer parâmetros do risco de crédito relativo de diferentes emissões de dívida, e para determinar o preço inicial de emissões de dívidas estruturadas por eles, ajudando-os a determinar as taxas de juros pagas pelas emissões.

Os emissores como governos (nacionais, estaduais e municipais), empresas e instituições financeiras, podem utilizar os *ratings* com o objetivo de mostrar ao mercado opiniões independentes sobre suas emissões e qualidade de crédito. Dessa forma, as taxas de juros oferecidas nas novas emissões estão relacionadas com a qualidade de crédito de um emissor, pois quanto maior a qualidade de crédito de um emissor ou de uma emissão, mais baixa será a taxa de juros que o emissor normalmente teria que pagar para atrair investidores. O inverso ocorre quando um emissor com baixa qualidade de crédito, geralmente, pagaria uma taxa de juros mais alta para compensar o maior risco assumido pelos investidores.

As empresas e instituições financeiras podem utilizar os *ratings* para avaliar o risco de contraparte, o qual um contrato de crédito é representado pelo risco potencial de uma das partes não honrar suas obrigações. A respeito do risco de contraparte, a opinião de uma agência de *rating* pode ajudar as empresas a analisar sua exposição ao crédito relativa a instituições financeiras que concordam em assumir certas obrigações financeiras.

A avaliação da viabilidade de potenciais parcerias e outros tipos de relacionamento de negócios também se enquadram nesse processo.

O fluxo a seguir representa as relações existentes entre os investidores, intermediários e emissores.

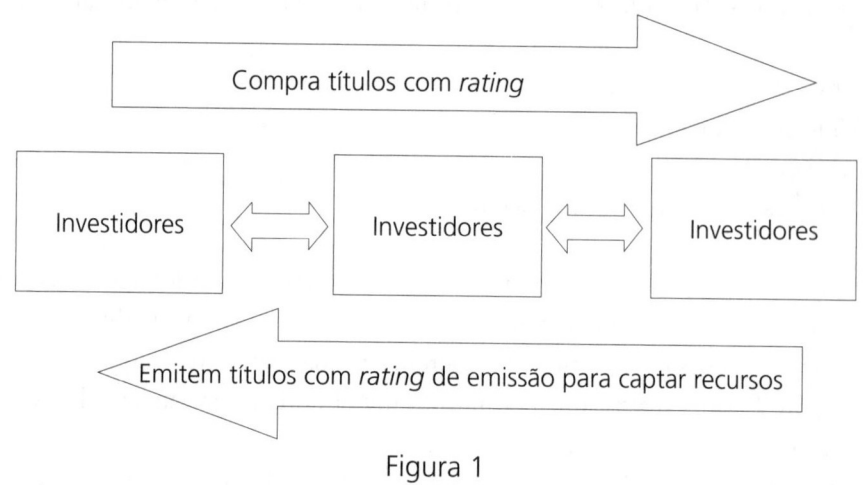

Figura 1

Fonte: Os usuários de *rating*.

Os *ratings* em escala nacional

Segundo o *Moody's Investor Service* (2009), os *ratings* na escala nacional possuem um significado de distinção do risco de crédito dentro dos países cujos *ratings* são comprimidos pelo baixo teto soberano. Comparados com outros emissores domésticos, são *ratings* relativos de risco. No caso do Brasil, a simbologia inclui um *.br, ou seja, indica que o *rating* não pode ser comparado com qualquer outro *rating* fora do país.

A importância dos *ratings* nacionais é dada pelo fato de serem opiniões sobre a capacidade de emissões e emissores em honrar suas obrigações financeiras em um país específico. Os *ratings* nacionais não estão relacionados com as expectativas de eventos sistêmicos que possam afetar todos os emitentes de forma geral, e sim com a classificação de crédito relativa, ou seja, espera-se que as menores probabilidades de inadimplência sejam de emissões ou emissores com as maiores classificações.

Outro ponto importante é o fato de que os *ratings* nacionais não podem ser comparados globalmente, pois são compreendidos como uma classificação relativa de capacidade de crédito dentro de um país específico, e não entre países. Portanto, o uso dos *ratings* nacionais por investidores somente pode ser apropriado dentro dos limites dos seus mercados locais.

Os critérios de classificação dos *ratings* em escala nacional, segundo a *Moody's* (2009), levam em consideração a força financeira do emitente, incluindo fatores de crédito tradicionais, tais como diversificação, posição de mercado e qualidade da administração, transparência, flexibilidade financeira, ambiente regulatório e a habilidade de cumprimento das obrigações financeiras por parte do emitente.

Apesar do risco de transferência de moeda estrangeira ser excluído em função de o *rating* nacional descrever o risco em moeda local, são levadas em conta a vulnerabilidade relativa ao ambiente político e políticas econômicas, tais como políticas fiscais e monetárias, além dos riscos de desvalorização da moeda. Já certos eventos extremos, como interrupção do sistema de pagamentos de moeda local, não são levados em conta em virtude de todos os emitentes serem afetados igualmente por tal falha.

A tabela a seguir mostra as definições de Escala nacional de *ratings* de longo prazo, com o modificador "n" que indica a nação relevante, representado por "br" no caso do Brasil.

Tabela 2: Escala nacional de *ratings* de longo prazo

Nível	Situação
Aaa.br	Mais forte capacidade de crédito e a menor possibilidade de perda em relação aos outros emitentes locais.
Aa.br	Capacidade de crédito muito forte e uma baixa possibilidade de perda em relação aos outros emitentes locais.
A.br	Capacidade de crédito acima da média em relação aos outros emitentes locais.
Baa.br	Capacidade de crédito na média em relação aos outros emitentes locais.
Ba.br	Capacidade de crédito abaixo da média em relação aos outros emitentes locais.
B.br	Capacidade de crédito fraca em relação aos outros emitentes locais.
Caa.br	São especulativos, capacidade de crédito muito fraca em relação aos outros emitentes locais.
Ca.br	São muito especulativos, capacidade de crédito extremamente fraca em relação aos outros emitentes locais.
C.n	São extremamente especulativos e demonstram mais fraca capacidade de crédito em relação aos outros emitentes locais.

Fonte: Moody's.

Com relação à Escala Nacional de dívidas de curto prazo, a *Moody's* (2009) define qual a habilidade de um emissor em dado país, em relação aos outros emissores locais, pagar suas obrigações de dívida sênior sem garantia real com vencimento inicial não superior a um ano.

Os *ratings* na escala nacional de dívida de curto prazo não são indicadores absolutos do nível de liquidez de um emissor, pois um elevado *rating* na escala nacional de curto prazo não é garantia de que não haverá *default,* ou seja, suspensão dos pagamentos. Logo, mesmo entidades com o mais alto *rating* na Escala Nacional de curto prazo podem enfrentar dificuldades temporárias na geração de caixa, resultando no atraso dos pagamentos.

A tabela a seguir define os quatro níveis da Escala Nacional de curto prazo da Moody's, de N – 1 à N – 4. Em cada país específico, as duas primeiras letras são alteradas para indicar o país no qual o emissor é sediado, por isso são usadas as iniciais BR-1 a BR-4 para melhor ilustrar o caso do Brasil.

Tabela 3: Escala nacional de *ratings* de curto prazo

Nível	Situação
BR-1	A mais forte habilidade para pagar obrigações de curto prazo com vencimento inicial não superior a um ano.
BR-2	Habilidade acima da média para pagar obrigações de curto prazo com vencimento inicial não superior a um ano.
BR-3	Habilidade média para pagar obrigações de curto prazo com vencimento inicial não superior a um ano.
BR-4	Habilidade abaixo da média para pagar obrigações de curto prazo com vencimento inicial não superior a um ano.

Fonte: Moody's.

Atuação das agências de *rating* no Brasil

Este capítulo tem como objetivo abordar a atuação das agências de *rating* no âmbito do mercado de capitais brasileiro, compreender as polêmicas sobre sua atuação, assim como as vantagens das informações de classificação de risco e, por fim, analisar as reflexões sobre as agências de *rating* no Brasil.

Breve histórico das agências de *rating* no mercado de capitais brasileiro

A atuação das agências de *rating* no Brasil merece destaque a partir da segunda metade da década de 1990, pois os principais casos de *rating*, além do soberano, foram das empresas brasileiras que emitem papéis no mercado externo e o setor bancário.

No contexto do mercado de capitais brasileiro, a avaliação de *ratings* de companhias brasileiras abrange um número relativamente pequeno de empresas, o que pode ser observado uma vez que a *Standard & Poor's* abriu seu escritório no Brasil em 1998, ano em que atribuiu seu primeiro *rating* em escala nacional no Brasil.

A *Standard & Poor's* atribuiu seu primeiro *rating* para instituições brasileiras em 1992. Nessa época, as empresas avaliadas eram subsidiárias de empresas multinacionais atuantes no mercado global de títulos de securitização de exportação. Como essas emissões eram privadas, os *ratings* atribuídos às empresas ou às emissões não foram divulgados.

Segundo Castro (2004), o setor brasileiro de classificação de risco de crédito surgiu em março de 1994, após a publicação de um relatório de avaliação de risco para a primeira emissão estruturada envolvendo financiamento de recebíveis de uma empresa norte-americana JC *Peney* com o Grupo Mesbla. Naquela ocasião, a empresa SR *Rating* participou da operação de acordo com as escalas de avaliação global.

Em novembro de 1994, após a implementação do Plano Real, a *Standard & Poor's* e a *Fitch Ratings* atribuíram o primeiro *rating* à República Federativa do Brasil. Em 1998, a *Standard & Poor's* inaugurou seu escritório no Brasil, localizado em São Paulo.

Em 1995, uma segunda empresa brasileira, chamada *Atlantic Capital*, começou a oferecer avaliações de risco principalmente para o setor bancário. Naquela ocasião houve a falência do Banco Nacional.

A partir daí, outras empresas surgiram como Duff & Phelps, que em 1996 se associou com a SR *Rating* e, logo em seguida, começou a operar pelo nome SR Rating/Duff & Phelps.

Em 1998 a *Moody's* anunciou a intenção de começar a operar no Brasil, atribuindo o primeiro *rating* em escala nacional em novembro de 1999.

Em 2000, a Duff dissolveu a associação com a SR *Rating* e foi adquirida nos Estados Unidos pelo grupo Fitch / IBCA. A *Fitch Ratings* começou a operar no mercado brasileiro no início da década de 1980, tendo estabelecido uma subsidiária local em 1997, que sucedeu o escritório de representação, quando passou a atribuir também *ratings* nacionais aos bancos e empresas brasileiros. Em abril de

2003, tornou-se a líder no mercado nacional com a compra da *Atlantic Rating*, até então maior agência nacional.

Apesar da atuação das agências de *rating* no Brasil ainda não ter a forte presença como tem nos mercados desenvolvidos, a expansão das emissões de valores mobiliários e a crescente demanda de notas de crédito pelas empresas visando atrair cada vez mais investidores contribuem para o aumento da credibilidade das avaliações feitas pelas agências. Cabe ressaltar que o mercado brasileiro tornou-se mais concentrado com as agências estrangeiras, pois ganharam o mercado frente às empresas nacionais.

A atuação e regulação das agências de *rating*

Quanto à atuação das agências de *rating*, é importante abordar que a forma de remuneração adotada pelas agências sofreu significativas alterações, contribuindo substancialmente para a evolução e importância das agências de *rating* nas diversas modalidades de classificação, como os tipos de emissão, emissores, avaliações de curto e longo prazo, operações estruturadas, além dos governos soberanos.

Segundo Nimir (2009), ao analisar a forma de atuação e natureza das agências de *rating*, observa-se que o objetivo dessas agências é avaliar o nível de solvabilidade dos mercados e companhias, visando sinalizar aos investidores o risco envolvido. No caso brasileiro, os pareceres das agências de *rating* são utilizados como fonte de dados de fé pública pelos investidores institucionais por imposição do Conselho Monetário Nacional (CMN).

A remuneração das agências de *rating* no início de suas atividades era obtida por meio da venda de suas publicações, na qual os clientes pagavam por uma assinatura e recebiam em troca um relatório. Com os avanços tecnológicos, em especial com o advento das fotocopiadoras, houve um esforço muito grande em tentar evitar que esses relatórios se espalhassem pelo mercado por meio da venda das cópias no mercado paralelo.

Com o aumento do número de empresas e de países que buscavam a atribuição de *ratings*, as agências de *rating* mudaram a forma de atuação e a origem de suas receitas passou a ser as próprias empresas que eram analisadas. De acordo com Hill (2004), cerca de 90% da receita da *Moody's* são originárias dos honorários pagos pelas empresas emissoras analisadas em questão.

A forma de atuação em que as empresas geram lucros para as agências pode estabelecer um grande conflito de interesses, pois geram uma relação em que as próprias empresas que estão sendo analisadas são as que proporcionam a receita das agências.

Dessa forma, se uma empresa for mal avaliada e discordar do *rating* estabelecido pela agência classificadora contratada, há a possibilidade de a empresa procurar os serviços de outra agência de *rating* concorrente.

O principal argumento das agências com relação aos conflitos de interesses é baseado na reputação das análises, ou seja, para que haja credibilidade e manutenção das avaliações no sentido de ganhar a confiança do mercado, uma agência não pode cair em descrédito, o que as levaria a possíveis processos de falência, pois seus serviços não seriam mais contratados.

Os emissores, cada vez mais, passaram a formatar suas emissões para receber uma boa nota das agências. Esse seria um problema estrutural, há também um problema conjuntural, no qual as agências de *rating* foram vítimas de seu próprio sucesso, pois todos os emissores passaram a submeter seus títulos a elas, gerando não apenas uma enorme demanda por serviços de classificação, como também uma crescente complexidade.

O grande problema das agências é tentar prever o futuro a partir dos números do passado e dos processos do presente, o que é extremamente complicado, tendo em vista a alta velocidade com que as coisas mudam no mundo dos negócios.

O autor ressalta que para, efeito de análise, em novembro de 2004, a classificação do Banco Santos era A+, ou seja, um excelente risco, e que, apesar dessa classificação, o Banco Central decretou a intervenção e posterior liquidação do Banco Santos. Pode-se, então, concluir que, se fosse confiar apenas nas agências, os investidores deveriam colocar seu dinheiro no banco com segurança.

Embora as agências de *rating* não sejam submetidas à regulação de um órgão ou associação de classe brasileira, alguns dispositivos legais emitidos pela Comissão de Valores Mobiliários (CVM) e pela Associação Nacional dos Bancos de Investimento (Anbid) fazem menção à atividade de classificação de risco. Em certos casos, eles recomendam sua utilização na captação de recursos.

Na legislação brasileira, não há, portanto, uma regra específica que regule a forma de atuação das agências de *rating*, apesar de as Resoluções nº 3.456, 3.308, 3.506 e 2.907, do CMN, imporem a obrigatoriedade de utilização dessas agências para a realização de aplicações de reservas técnicas pelos investidores institucionais.

Para efeito de análise, a resolução do CMN nº 3.456, de 1º de julho de 2007, juntamente com as outras resoluções citadas, explicita, nos artigos 11 e 12, os conceitos de "carteira de baixo risco de crédito" e de "carteira de médio e alto risco de crédito", sendo definidas pelas agências classificadoras de risco em funcionamento no país. Segundo Castro (2004), qualquer empresa definindo-se como uma agência de classificação de risco, e que seja contratada por um emissor disposto a apresentar esta agência no mercado, poderá operar como uma agência de *rating*.

Apesar de alguns equívocos do passado, as agências de *rating* continuarão a existir e fazer um bom trabalho, pois são essenciais para o funcionamento do mercado. Segundo Cintra e Farhi (2002), o peso crescente dos *ratings* concedidos pelas agências privadas e especializadas a empresas e países leva à necessidade de se analisar e se avaliar a atuação dessas agências, bem como de se identificar suas eventuais repercussões micro e macroeconômicas.

Algumas críticas sobre a atuação das agências de *rating*

Com relação às principais críticas que são atribuídas as agências de *rating*, tais como a falta de regulação para a atuação dessas agências, a pouca concorrência que caracteriza essa indústria, falta de transparência e os possíveis conflitos de interesse, são revelados alguns aspectos que precisam ser mencionados para efeito de análise.

Segundo Souza (2007), as agências de avaliação de riscos são relevantes para o mercado e deveriam representar um fator de segurança para os investidores. No entanto, elas não são reguladas e não estão sujeitas a qualquer tratamento regulatório que lhes atribua responsabilidades por erros e omissões. É importante ressaltar a necessidade da Comissão de Valores Mobiliários (CVM) e do Banco Central de cumprir as funções disciplinadoras, objetivando atribuir grau de responsabilidade a essas agências.

Segundo o site do Cosif, para que o CMN pudesse indicar as agências de *rating* como fonte fidedigna de avaliações para a realização de investimentos, seria necessário fiscalizá-las. Porém não existe tal fiscalização de forma direta, nem existem normativos padronizando e estabelecendo como deveriam ser expedidas tais avaliações, nem inferindo responsabilidades sobre os pareceres ou avaliações expedidas. Portanto, o CMN não poderia indicar as agências como merecedoras de crédito público para a expedição desses conceitos.

Conforme mencionado, a Resolução do CMN 3.456 delega às agências classificadoras de risco atuantes no Brasil o poder de classificar entidades e produtos como sendo de baixo ou médio/alto risco de mercado somente. Apesar da importância das agências de *rating* no sentido de promover a eficiência do mercado de capitais, elas não podem deixar de ser punidas e responsabilizadas pelos equívocos causados.

Dada a importância dos serviços prestados pelas agências internacionais de classificação de risco e a profundidade dos efeitos de suas avaliações sobre a disponibilidade de crédito e a capacidade dos países de definirem suas políticas macroeconômicas, é surpreendente que inexistam esforços concentrados para regular juridicamente as atividades de tais agências por parte dos estados e dos organismos internacionais econômicos formados por entes estatais.

Nesse sentido, as agências de *rating* têm apresentado uma posição discrepante dos demais agentes do mercado financeiro que, espontaneamente, aderem às iniciativas de autorregulação. Como argumento, afirmam que seus serviços deveriam ser percebidos como os de cunho jornalístico e, portanto, garantidos pelo direito de liberdade de expressão.

Essa interpretação seria bastante razoável se a opinião emitida por essas agências na forma de *ratings* fosse apenas mais uma fonte de informação, equivalente às publicadas pela mídia especializada e pelas equipes de análise dos bancos de investimento. O fato é que, no contexto regulatório atual, os *ratings* são mais que uma simples opinião sobre determinado ativo; são medidas objetivas do risco do investimento. O gestor de recursos deve observá-las, sob pena de faltar com seu dever fiduciário.

Segundo Castro (2009), a questão da falta de competição no mercado pode ser considerada um fator importante para uma possível crise de confiança nas agências, em razão de que a pouca concorrência estabelece critérios de informações sobre os mesmos ângulos. No Brasil, o mercado é praticamente dominado pelas três grandes agências internacionais, pois existe o mesmo mito propagado no exterior: o de que as agências internacionais são mais rigorosas.

A atividade de classificação de risco deve ser pautada na emissão de pareceres corretos e transparentes, que identifiquem os riscos atrelados a um determinado investimento. Para que uma agência de *rating* exerça um papel significativo, ela deverá ter uma boa reputação, para despertar a confiança do mercado. Essas são condições relevantes para atribuir eficiência e maior lucratividade às captações de recursos. Enfim, a confiança que o mercado nela deposita não está diretamente relacionada à regulação estatal, mas sim à reputação adquirida pela qualidade dos serviços prestados.

Outra questão que tem sido constantemente debatida é a existência de conflito de interesses e a ocorrência de fraudes inerentes ao fato de as agências de *rating* serem remuneradas pelo emissor dos títulos por elas classificados. Existe uma grande preocupação quanto à independência dos pareceres emitidos devido à existência de uma possível pressão econômica.

Vantagens das informações de classificação de risco

Embora as agências de *rating* sejam alvo de controvérsias e críticas por parte da sociedade e de algumas instituições de forma geral, as informações de classificação de risco apresentam vantagens que corroboram o fato de serem importantes para a eficiência do mercado de capitais.

Com base em Markoski e Moreira (2005), serão apresentadas a seguir algumas vantagens do uso dos *ratings* por parte dos investidores, são elas: avaliar investimentos além do âmbito doméstico do mercado de capitais, na medida em que são acessadas informações comparáveis em nível mundial; permitir horizontes de investimento mais extensos, dada a disponibilidade de opiniões de longo prazo; economizar esforços de tempo e pesquisa; auxiliar as áreas internas de pesquisa de crédito com classificações preestabelecidas; permitir a tomada de decisões em função do retorno esperado para os títulos de acordo com o *rating* preestabelecido.

A utilização dos *ratings* pelos investidores introduz a vantagem da alocação dos recursos em atividades relacionadas com o próprio negócio, além de permitirem aos emissores de títulos, intermediários e distribuidores um maior acesso a novos mercados, pois os *ratings* apresentam a vantagem de aumentar a liquidez dos papéis no mercado.

O site *cprating* apresenta algumas vantagens dos *ratings* para os emitentes, são elas: melhorias estratégicas e de políticas de gestão; maior transparência do emitente e reflexo positivo na imagem de credibilidade; maior facilidade na emissão dos títulos; melhores condições na colocação.

Para os emitentes, uma grande vantagem está relacionada ao prêmio de risco, ou seja, menores prêmios de risco estão relacionados com os melhores emitentes, já os emitentes classificados com baixo grau de investimento apresentam riscos maiores como mostra a Figura 2.

Cabe ressaltar que a utilização dos *ratings* apresenta um conjunto de vantagens comuns a todos os agentes econômicos, no sentido de equacionar os problemas de decisão de investimento no tocante ao binômio risco / remuneração.

Os governos, principalmente dos países emergentes, utilizam os *ratings* visando atrair os investidores estrangeiros, pois as classificações de risco são consideradas parâmetros para a tomada de decisões de investimentos nesses países. Os países não emergentes utilizam os *ratings* como um indicador de solidez de seus Mercados de Capitais.

Para o mercado de capitais, de forma geral, as vantagens das informações de classificação de risco ratificam aspectos como: qualidade das informações, progresso e internacionalização dos investimentos.

Risco/Taxa de juro

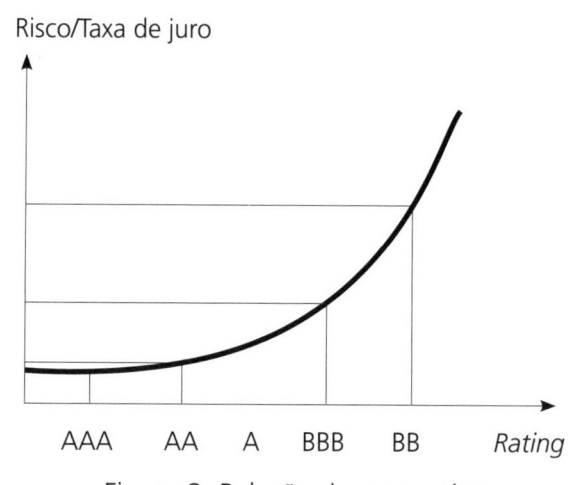

```
AAA    AA    A    BBB    BB         Rating
```

Figura 2: Relação risco × rating.

Fonte: <www.cprating.pt>. Acesso em: 12 nov. 2009.

Reflexões sobre as agências de rating no mercado de capitais brasileiro

Verificamos que alguns aspectos relacionados com as reflexões acerca das agências de rating no mercado de capitais brasileiro podem estar relacionados com a forma pela qual as informações possibilitam a interligação e aceitação entre os investidores, agências e emissores.

O sucesso da relação existente entre as agências de rating e os agentes tomadores de recursos pode estar baseado na gestão do relacionamento entre ambos, ou seja, de acordo com Zabisky (2004), poucas empresas brasileiras têm esforço específico nessa área e, geralmente, o relacionamento se inicia quando existe a necessidade quanto à captação de recursos de forma qualificada, o que tende a enfraquecer após a emissão. Portanto, é essencial que haja o estreitamento dessa relação, juntamente com o compromisso do conselho de administração das empresas para uma estrutura de capital adequada.

Segundo Zabisky (2004), as formas eficazes de garantir um rating que reflita adequadamente os riscos das companhias, e de estreitar o relacionamento com as agências de rating são as seguintes: definição da política de endividamento e o rating pretendido; certificação de que as projeções sejam realistas e estejam sempre atualizadas; orientação ao analista, ou seja, fornecimento das ferramentas necessárias para a avaliação de múltiplos cenários; fornecimento de detalhes financeiros adicionais; avisar as agências antes das transações, nunca depois; pelo menos uma apresentação por ano.

Dessa forma, é necessário que haja a perfeita compreensão das agências de *rating* com as empresas, visando evitar possíveis rebaixamentos.

Conforme abordamos nos itens anteriores, as agências de *rating* ganharam credibilidade e visibilidade no mercado por meio das diversas modalidades e escalas de classificação de risco, pois obtiveram a aceitação dos investidores, que passaram a confiar nas notas de crédito dadas aos títulos como forma de instrumento de avaliação para seus investimentos. Assim também os emissores, que tiveram que adaptar suas políticas de gestão e passaram a atuar com maior transparência visando atrair cada vez mais investimentos para as diversas áreas de atuação da economia.

Embora a atuação das agências de *rating* no Brasil seja objeto de diversas críticas, que na maioria das vezes estão diretamente relacionadas com questões referentes à regulação de suas atividades, é importante ressaltar que a principal função dessas agências consiste em apresentar os riscos de solvabilidade das empresas e do mercado, não de fazer avaliações a respeito da idoneidade e segurança das informações prestadas pelas instituições avaliadas.

Segundo Nimir (2009), apesar de haver a responsabilidade das agências de *rating* pelos serviços, opiniões e pareceres, cabe aos investidores contextualizar as informações recebidas e buscar outras fontes para a tomada de decisões em determinados investimentos no mercado. Por outro lado, em matéria de responsabilidade civil, o fato de não se ter acesso aos critérios utilizados pelas agências de *rating* na emissão de seus pareceres depõe contra essas companhias, uma vez que o princípio da informação prevalece no mercado.

Conclusão

Este tópico destina-se a apresentar as principais conclusões realizadas no decorrer deste estudo, abrangendo os objetivos do trabalho e os resultados obtidos, assim como propor sugestões para trabalhos futuros e recomendações para os participantes do mercado como um todo.

O objetivo deste trabalho foi estruturado em torno das reflexões acerca da importância das agências de *rating* para o mercado de capitais brasileiro, em função de haver cada vez mais agentes econômicos interessados nas classificações de risco concedidas por essas agências, e em virtude de se tornarem instrumentos cada vez mais eficazes para as decisões de investimento e alocação de recursos na economia.

A partir do momento em que o mercado de capitais assumiu o papel de municiador da economia, impulsionando o ambiente produtivo por meio da captação de recursos, juntamente com o crescimento das empresas, pode-se concluir que o entendimento dos tipos de riscos financeiros assume fundamental importância para o mercado de capitais, pois, no que se refere às transações financeiras, a habilidade dos investidores no gerenciamento dos riscos pode possibilitar maiores retornos e maiores chances de se evitar grandes perdas.

No mercado de capitais brasileiro, as três grandes agências internacionais de *rating, Moody's, Fitch e Standard and Poor's*, estabelecem os critérios e metodologias para a avaliação da qualidade de crédito das empresas e instituições financeiras. Embora cada agência utilize sua própria metodologia, pode-se observar que as notas se dividem em dois graus: categoria de investimento e categoria de investimento de risco, sendo que, no primeiro, as notas indicam boa qualidade no cumprimento das obrigações financeiras, enquanto, no segundo, há fraca qualidade no cumprimento das obrigações.

O presente trabalho apresentou o surgimento, a evolução e as metodologias de *rating* das três principais agências internacionais de classificação de risco do mundo. Verificou-se que as metodologias estão focadas na capacidade de as empresas honrarem seus compromissos tanto no curto prazo, quanto no longo prazo, ou seja, permitindo compreender a importância dessas agências como fontes de informação para os investidores na avaliação sobre seus investimentos, e também fornecerem aos principais credores opiniões independentes a respeito dos riscos de crédito dos fatores analisados.

Além da importância dos *ratings* para os investidores que captam recursos no mercado de capitais, observou-se a utilização dos *ratings* pelas empresas, instituições financeiras, intermediários e emissores, nas avaliações de risco de contraparte, determinação das taxas de juros pagas pelas emissões, captação de recursos para projetos de expansão e opiniões sobre emissões e qualidade de crédito.

No que se refere à participação das agências de *rating* no mercado de capitais brasileiro, conclui-se que a atuação de tais agências no Brasil ainda não tem forte presença como tem nos mercados desenvolvidos, pois somente a partir da segunda metade da década de 1990 que as companhias internacionais passaram a atuar no mercado brasileiro.

Observamos que algumas críticas e polêmicas a respeito da forma de atuação das agências de *rating* no Brasil estão fundamentadas nos possíveis conflitos de interesses, em virtude dos lucros das agências serem gerados pelas empresas. Em vista disso, outro fator que mereceu destaque foi a questão da regulação, ou seja, apesar de alguns dispositivos legais emitidos pela CVM fazerem menção à atividade de classificação de risco e recomendarem sua utilização na captação de recursos, a forma com que as agências de *rating* atuam no sentido de estabelecer critérios para os serviços de classificação não se relaciona com nenhuma regra específica no âmbito da legislação brasileira.

Ao final desse estudo, concluímos que, apesar das agências de *rating* serem alvo de controvérsias e polêmicas no que diz respeito à atuação e regulação, é inegável o fato de que as vantagens de classificação de risco corroboram para a eficiência do mercado de capitais. As suposições apresentadas ratificam o papel crucial das agências de *rating* no cenário econômico vigente, influenciando na tomada de decisões dos agentes econômicos e nas políticas de gestão dos emissores, pois obtiveram a aceitação de ambos, em virtude da confiança não estar pautada na regulação estatal, e sim na reputação adquirida pela qualidade dos serviços prestados.

Um trabalho de pesquisa nunca se esgota em si mesmo. Além de procurar responder a um questionamento, abre espaço para outros estudos. Algumas sugestões para futuras pesquisas são oferecidas a seguir:

a) Analisar questões referentes à interferência do Estado sobre a atuação das agências de *rating* no Brasil.
b) Abordar os setores da economia que mais se preocupam em adotar políticas de gestão visando ao *investment grade*.
c) Avaliar a relação existente entre as informações de classificação de risco *versus* volume de captações e investimentos.
d) Analisar a atuação das agências de *rating* nos países emergentes frente aos países desenvolvidos.

Dessa forma, a abordagem desses assuntos poderia colaborar com a discussão do tema, dada a importância do assunto não só para o mercado de capitais, mas também para a Economia como um todo.

São oferecidas algumas recomendações a respeito da utilização das agências de *rating* por parte dos investidores, tais como: enfatizar a posição das classificações de risco como opiniões que devem ser avaliadas e consideradas, juntamente com outras informações, para a tomada de decisões; confrontar os *ratings* de duas ou mais agências a respeito de uma emissão, ou seja, não focar as opiniões sobre um mesmo critério, pois quanto mais informados e exigentes forem os investidores, maior será o nível de especialização das avaliações.

Referências bibliográficas

AGUIAR, Christiana. "Introdução aos ratings da Moody's". In: *Moody's Comentário Especial*. São Paulo, maio, 1999.

ASSAF NETO, Alexandre. *Mercado financeiro*. 7. ed. São Paulo: Atlas, 2006.

BERNSTEIN, Peter L. *Desafio aos deuses*: a fascinante história do risco. 9. ed. Rio de Janeiro: Campus, 1997.

BRASIL. Resolução CMN nº 2.804, de 21 de dezembro de 2000.

BRASIL. Resolução CMN nº 3.380, de 29 de junho de 2006.

BRASIL. Resolução CMN nº 3.456, de 1º de julho de 2007.

CANUTO, Otaviano; SANTOS, P. F. *Risco soberano e prêmios de risco em economias emergentes*. [Série de Temas de Economia Internacional da Secretaria de Assuntos Internacionais do Ministério da Fazenda]. Brasília, out. 2003.

CASTRO, Paulo Rabello. *Rating agency regulation in Brazil*. [Notas preparadas para o seminário Regulação das Agências de *Rating*]. São Paulo, nov. 2004.

CINTRA. Marcos; FARHI, Maryse. *Informação dos investidores*: classificação de riscos, contabilidade e conflitos de interesses. Porto Alegre, 2002. [Ensaios FEE].

DUARTE Jr., A. M. *Risco*: definições, tipos, medição e recomendações para seu gerenciamento. Resenha BM&F, vol. 114, 1996.

_____. *Gestão de riscos para fundos de investimento*. São Paulo: Prentice Hall, 2005.

GITMAN, Lawrence J. *Princípios de administração financeira* – essencial. 2. ed. Porto Alegre: Bookman, 2006.

HILL, Claire A. "Regulating the rating agencies". In: *Working Paper*. n. 452022, Georgetown University Law Center, vol. 82, 2004.

JORION, Philippe. *Value at Risk* – a nova fonte de referência para a gestão do risco financeiro. 2. ed. São Paulo: BMF Brasil, 2003.

MARKOSKI, Ângela; MOREIRA Roberto. *Classificação de risco soberano por agências especializadas e o mercado de títulos*. [5º Encontro Brasileiro de Finanças – Sociedade Brasileira de Finanças]. São Paulo, 2005.

MARKOWITZ, H. "Portfolio selection". In: *Journal of Finance*, vol. 7, n. 1, mar. 1952.

Revista Capital Aberto. "Acusadas de contribuir para a crise financeira, as agências de *rating* também devem ser reguladas pela CVM?". 72 ed. São Paulo, set. 2009.

STANDARD & Poor's Financial Services. *Um guia sobre a essência dos* ratings *de crédito*. São Paulo, 2009.

VERGARA, Sylvia Constant. *Projetos e relatórios de pesquisa em Administração*. 10. ed. São Paulo: Atlas, 2009.

YAZBEK, Otavio. *Regulação do mercado financeiro e de capitais*. 2. ed. Rio de Janeiro: Elsevier, 2007.

Sites visitados

CASTRO, Paulo Rabello. "Brasil também vive crise de confiança nas agências". In: *Abrapp*. São Paulo, junho de 2009. Disponível em: <www.abrapp.org.br/ppub/pef.dll?pagina=servscript&QUALS=SalaImprensa/resumos_conteudo_clipping.html&IdMateria=1178&Tipo=ClippingABRAPP >. Acesso em: 31 out. 2009.

COSIF. Disponível em: <www.cosif.com.br>. Acesso em: 3 nov. 2009.

CPRATING. Disponível em: <www.cprating.pt>. Acesso em: 12 nov. 2009.

DEFINIÇÕES, Símbolos de Rating da Moody's. Moody's Investors Service. São Paulo, maio 2009. Disponível em: < http://www.moodys.com.br/brasil/index.htm>. Acesso em: 30 set. 2009.

FITCH RATINGS. Disponível em: <www.fitchratings.com>. Acesso em: 11 set. 2009.

GUEDES, Rafael; CARVALHO, J.C. "Rating, um direito do investidor". In: *Revista RI*, dez.2007 / jan.2008. Disponível em: <www.fitchratings.com.br>. Acesso em: 15 set. 2009.

INFOMONEY. Disponível em: <www.infomomey.com.br>. Acesso em 3 nov. 2009.

MOODY'S INVESTORS SERVICE. Disponível em: <www.moodys.com>. Acesso em: 8 set. 2009.

NIMIR, Walter A. *A responsabilidade civil das agências de rating*. [Resenha Eletrônica do Ministério da Fazenda – MF]. Brasília, jul. 2009. Disponível em: <www.fazenda.gov.br/resenhaeletronica/MostraMateria.asp?page=&cod=565153>. Acesso em: 6 nov. 2009.

SOUZA. Paulo Ângelo. *Reflexões sobre o papel de agências de avaliação de risco*. [Mensagem da presidência à comunidade APIMEC - MG]. Minas Gerais, set. 2007. Disponível em: <www.apimecmg.com.br/.../649_Microsoft%20Word%20-%20Mensagem%20da%20Presidencia%2024%20Set%202007.pdf>. Acesso em: 3 nov. 2009.

STANDARD AND POOR'S. Disponível em: <www.standardandpoors.com>. Acesso em: 10 set. 2009.

THINK FINANCE. Disponível em: <www.thinkfn.com>. Acesso em: 24 ago. 2009.

ZABISKY, Rodolfo. "Fortalecendo relacionamentos com agências de *rating*". In: *Gazeta Mercantil*. São Paulo, jul. 2004. Disponível em: <www.divulgacaoexemplar.com.br/divex/arquivos/Gazeta20122004.pdf>. Acesso em: 11 nov. 2009.

IMPRESSÃO E ACABAMENTO
YANGRAF
GRÁFICA E EDITORA LTDA.
WWW.YANGRAF.COM.BR
(11) 2095-7722